바늘을 움직여라
Move the Needle

MOVE THE NEEDLE

Copyright © 2021 by Shelly Brander
Originally published in 2021 by Hay House US Inc.

Korean language edition © 2024 by WILLCOMPANY
Korean translation rights arranged with Hay House US Inc.
through EntersKorea Co., Ltd., Seoul Korea.

이 책의 한국어판 저작권은 (주)엔터스코리아를 통해 저작권자와 독점 계약한 월컴퍼니가 소유합니다. 저작권법에 의하여 한국 내에서 보호를 받는 저작물이므로 무단전재와 무단복제를 금합니다.

바늘을 움직여라

뜨개 애호가의 기쁨과 성공을 위한 단계별 가이드

셀리 브랜더 지음 | 서라미 옮김

WILLSTYLE

차례

시작하며 11

첫 번째 움직임.
나를 믿고 시작하기

1	공감 덕분에	21
2	오랑우탄 스웨터	25
3	숨은 디딤돌	34
4	광고의 기술	39
5	천 개의 아이디어	45
6	내 이름을 건 간판	57
7	씨앗	64
8	캐시미어 스카프	78
9	친절한 뜨개 공방	84
10	블루오션을 향해	88
11	소파 커넥션	92

두 번째 움직임.
계속해서 움직이기

12	이기거나 배우거나	99
13	진단과 투쟁	103
14	뜨개로는 먹고 살 수 없어	123
15	그들이 할 수 있다면, 나도 할 수 있다	128
16	벽	132
17	당신에게도 좋은 거래였나요?	137
18	소셜 미디어	143
19	나의 가치	149

세 번째 움직임.
일이 잘 안 풀릴 때

20	개구리 연못	159
21	푸르시오의 순간	167
22	인생의 우선순위	174

23	북쪽 vs 남쪽	**178**
24	엉킨 실을 풀다	**191**
25	포기하지 않는 마음	**210**
26	오만한 실수	**221**
27	에너지 지키기	**224**

네 번째 움직임.

창조적인 팀 키우기

28	첫 번째 루프 부대	**235**
29	뜨개 코는 사람을 닮았다	**243**
30	멘토를 찾아라	**255**
31	파트너, 이별, 극복	**267**

마치며 282

감사의 말 290

맬로리와 세실리와 샘에게.
너희들 덕분에 나아간다.
매일.

시작하며

내 인생 최초의 기억 중 하나는 네 살 때 시작된다. 따분했던 어느 날, 엄마가 열쇠를 짤랑거리기에 부엌으로 달려가 어디에 가느냐고 물었다.

"엄마 마트에 다녀올게."

"나도 따라가면 안 돼애애애?"

나는 애원하듯 물었다.

"금방 올 테니 이번에는 집에 있어. 미안."

안 된다는 말. 그렇게 어린 나이였는데도 이 말이 내 안에서 아주 강력한 무언가를 촉발했던 것을 기억한다. 그것은 원초적이고 격렬했다. 나는 짜증을 내거나 내 방으로 돌아가 우는 대신 계획을 세웠다.

그리고 나는 마트로 향했다.

그때 아빠는 오렌지와 금색 줄무늬가 들어간 안락의자에 발을 뻗고 앉아 신문을 읽는 중이었다(1972년 무렵이었다). 나는 아빠에게 우편물을 가지러 간다고 말했고(그때 우리 집 우편함은 길가에 있었기 때문에 시간을 벌기에는 이 핑계가 딱이었다), 신문을 읽던 아빠는 내 계획을 눈치채지 못한 채 고개를 끄덕였다. 나는 네 살밖에 안 된 몸을 기세등등하게 움직여 차고에 다다른 뒤, 듬직한 세발자전거를 타고 페달을 밟아 우편함으로 향했다. (봤죠, 아빠? 우편물을 가지러 간 거 맞죠!) 나는 우편물을 꺼내 셔츠 안에 찔러 넣고는 그대로 페달을 밟아 도로로 들어섰다. 방향을 한 번 틀고 다시 한 번 틀었다. 그리고 심호흡을 했다. 이제 51번가를 건널 차례였다.

지금도 마찬가지지만, 그 시절 51번가는 오클라호마주 털사에서 가장 번화한 거리였다. 차들이 사방으로 휙휙 지나갔다. 나는 기다리고 또 기다리며 도로 상황을 살폈다. 셔츠 안에 찔러 넣은 우편물과 잡지가 자꾸 성가시게 느껴졌다.

그리고 때가 왔다. 나는 힘차게 페달을 밟았다. 내가 로켓처럼 보일 거라고 믿으며. 하지만 네 살배기 아이가 탄 세발자전거는 로켓이라기보다는 차라리 포식자에게서 도망치려는 거북이처럼 보였을 것이다. 그래도 거북이치고는 제법 빨랐다. 필요한 만큼 빠르지 않았을 뿐. 차들이 급브레이크를 밟고 경적을 울려댔다. 하지만 나는 건너고야 말았다. 아수라장이 된 도로를 뒤로하고 마트를 향해 계속 페달을 밟았다. 몇 블록만 더 가면 되었다.

그때 나를 향해 달려오던 차 한 대가 내 앞에 바짝 멈춰 섰다.

1972년 무렵,
듬직한 세발자전거를 타고.

엄마였다.

망했다.

엄마는 지금도 친구들에게 나를 소개할 때면 이 이야기를 꺼낸다.

"웬 조그만 여자아이가 자전거를 타고 있지 뭐야. 대체 어느 집 엄마가 저런 어린애를 자전거에 태워 보냈담? 근데 우리 셸리를 좀 닮았네… 라고 생각하면서 자세히 봤지. 그런데 웬걸, 정말 셸리였어!"

집에 돌아와 아빠에게 우편물을 갖다 드리자 아빠는 내 바로 뒤에 있던 피칸 나뭇가지를 꺾어 회초리로 만들었다. 내가 피칸 나무 회초리에서 교훈을 얻었을까? 그랬을지도 모르지만, 아빠가 내게 가르쳐주고 싶었던 그 교훈은 아니었다. 세발자전거를 탄 어린 나를 돌이켜보면 그날 내 안에서 무언가가 굳어졌던 것 같다. 그것은 내가 집, 가족, 규칙 같은 것에 꽁꽁 묶인 몸이 아니라는 자각이었다. 원한다면 도망칠 수 있다는, 나만의 길을 만들 수 있다는 깨달음이었다.

내 삶은 우여곡절의 연속이었다. 산만하고 서투른 아이였던 나는 불안했던 치어리더 시절을 지나 여학생 사교 클럽의 회원이 되었다. 신문사 자료실 인턴으로 일하다 창고 청소부를 거쳐 아이스크림 가게 점원이 되었다. 겁 많은 아내였고, 자폐아를 키우는 젊은 엄마였으며, 창의력 넘치고 다정하고 아름다운 세 아이를 키워낸 열정적인 엄마였다. 지역 자동차 판매점의 카피를 작성하는 일부터 시작해 글로벌 브랜드를 만들고, 뜨개를 향한 나의 미친 열정에 버금가는 매우 긍정적이고 국제적인 커뮤니티를 만드는 일까지 해냈다.

내 이야기가 믿기 어려울지도 모르겠다. 다른 사람에게 내 이야기를 들려줄 때마다, 그리고 글을 쓰고 있는 지금도 나 역시 잘 믿기지 않으니까. 그럴 때마다 나를 꼬집어 본다. 그리고 생각한다. 이 모든 일이 "안 돼"라는 한 마디에서 시작됐다고. 이 책을 구상하면서도 몇 번이고 그 말이 튀어나왔다.

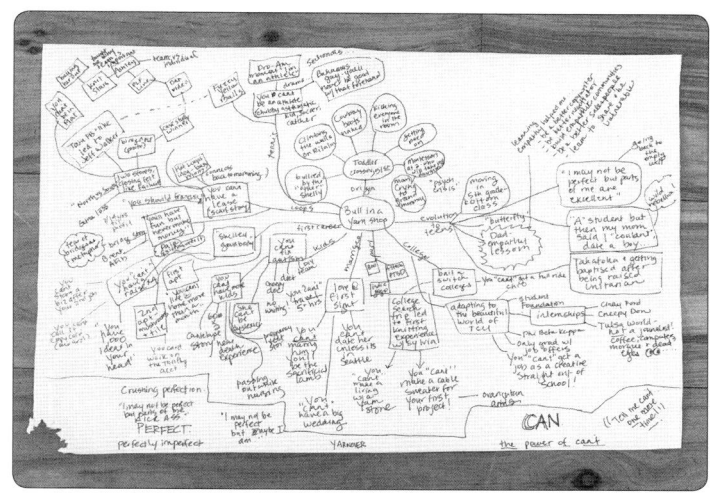

이 책에 대한 내 초기 마인드맵.

엄마를 따라서 마트에 오면 안 돼.
여자는 창의적인 책임자가 될 수 없어.
자폐증은 고칠 수 없어.
실과 바늘로는 먹고 살 수 없어.

"안 돼"라는 말은 내 삶에 쏟아진 휘발유였고, 그때마다 나는 삶에 불을 붙였다. 삶의 어두운 시기마다 "안 돼"라는 말은 연료가 되어 직감을 따르게 했다. 역경을 극복하게 했고, 모두가 틀렸다는 걸 증명하게 했다.

하지만 오랫동안 나는 이 사실을 인정하기 두려웠다. 다른 사람들이 내게 던진 "안 돼"라는 말을 원동력 삼아 무언가를 하는 내가 부정적이고 전투적이고 경쟁적이며 감정적인 사람처럼 느껴졌다. 자라면서 보고 들은 모든 것들이 그런 동기로 움직이는 건 좋지 않다고 말하는 것 같았다. 돌이켜보면 틀리기만 한 말은 아니다.

스티브 잡스의 유명한 말처럼 "지나갈 점들을 연결할 수는 없다. 오직 지나온 점들만 연결할 수 있다."

분명한 사실은, 내 인생에서 아주 중요했던 순간들이 남들 눈에는 정상이 아니고, 이상하고, 심지어 반항적인 순간으로 보였다는 점이다.

그런 순간마다 내가 믿은 건 진짜 내 모습이었다. 가장 용감할 때의 내 모습, 가장 창조적일 때의 내 모습. 나는 규칙을 제쳐두고 관습을 무시한 채 내 마음에 귀를 기울였고, 내가 만든 길에 불을 밝혔다.

이 책을 통해 지금의 나를 만든 이야기들을 공유하려고 한다. 한 인간으로서, 아내이자 엄마로서, 창작자로서, 세계적인 공예 기업인 루프(Loops)와 니트 스타즈(Knit Stars)라는 회사를 이끄는 기업가로서, 그리고 "Knit The World Together(세상을 함께 뜨자)"라는 운동을 이끄는 활동가로서의 나에 관한 이야기다. 성공도 실패도 있는 그대로 말하고 싶다. 삶이 내게 던진 메시지를 미처 깨닫지 못했던 시절의 교훈도 공유하고 싶다.

여러분이 자신의 창의성을 믿고 영감을 얻는 데에 이 책이 도움이 되었으면 한다. 삶이 던져주는 무질서한 파도에 몸을 싣고, 열정과 목표를 발견하며 온전히 자신의 모습으로 사는 데에 이 책이 도움이 되기를 바란다.

자, 이제 핸들을 꽉 잡고 출발해 보자.

첫 번째 움직임.

나를
믿고
시작하기

chapter 1

공감 덕분에

중학교 시절의 운명적인 어느 날, 못된 여자아이 한 명이 내 삶의 궤적을 바꾸었다.

그 애의 이름도, 심지어 그 애가 내게 뭐라고 했는지도 기억나지 않는다. 그런 건 전혀 중요하지 않다. 중요한 건 그다음에 어떻게 됐는가다.

나는 집에 도착하자마자 울음을 터뜨리며 위층으로 올라가 침대에 몸을 던졌다. 너무 상처받아서 숙제도 할 수 없었다. 저녁을 먹으러 내려오라는 엄마의 말에 방문을 열고는 내려가지 않겠다고 울부짖었다.

저녁 식사가 끝난 뒤, 누군가 내 방문을 노크했다. 아빠였다.

"들어오지 마!"

나는 여전히 흐느끼는 중이었다.

"이야기할 준비가 되면 내려와. 아빠는 포치에 있을게." 아빠가 말했다.

마침내 흐느낌이 가라앉았고, 나는 눈이 퉁퉁 부은 채 포치로 내려갔다. 아빠는 신문을 내려놓고 학교에서 무슨 일이 있었는지 물었다. 나는 그 못된 여자아이에 관한 긴 설명을 시작했다. 그 애가 얼마나 못되게 굴었는지, 아무 이유도 없이 내게 어떻게 상처를 줬는지, 얼마나 말도 안 되는 상황이었는지 끝없이 이야기했다. 횡설수설하는데도 아빠는 내가 속에 있는 이야기를 다 꺼낼 때까지 기다려 주었다.

마침내 이야기를 마쳤을 때, 나는 기대했다. 아빠가 내 어깨를 토닥이며 내 말에 공감해 주고 다 잘될 거라고 위로해 줄 거라고. 하지만 아빠가 한 말을 듣고 나는 크게 놀랐다.

"지금 그 애의 기분은 어떨까?"

"몰라. 그게 무슨 상관이야?"

나는 반사적으로 말했다.

"걘 정말 못됐어! 다시는 걔 근처에도 가지 않을 거야!"

그러자 아빠는 또 한 번 나를 놀라게 했다. 내게 눈을 감아보라고 말했다.

"응?!"

"잠깐만 아빠가 하라는 대로 해봐. 눈을 감아 봐."

나는 시키는 대로 했다.

"자, 네가 그 애가 됐다고 한번 상상해 봤으면 좋겠어."

아빠가 말했다.

"하지만…."

나는 아빠의 말에 반발하기 시작했다.

"잘 생각해 봐. 네가 그 애가 된 거야. 그 애의 얼굴이 네 얼굴이다 생각해 봐. 그 애의 감정이 너의 감정이다 그렇게."

아빠는 한동안 말을 멈추고 내게 상상할 시간을 주었다.

시간이 조금 걸리기는 했지만 나는 곧 길을 찾았다. 내가 그 아이가 되어 있었다.

"상상했어?"

"응."

"자, 이제 오늘 그 애와 나눈 말과 행동을 돌이켜 보는 거야. 대신 네가 아니라 그 애의 관점에서."

아빠 말대로 해보았다.

그리고… 와우.

그 애가 그렇게 말한 데에는 나름의 이유가 있었다. 그 애도 내게서 위협을 받고 상처받아 화가 났던 것이다. 만약 내가 그 애였다면 나 역시 똑같이 말하고 행동했을 것이었다.

더 중요한 건, 그 애가 한 말과 행동 중 어떤 것도 못 견딜 만큼 심한 것은 없었다는 사실이었다. 나는 그 상황을 지나치게 개인적으로 받아들여 과민 반응을 보이고 있었다. 나 역시 그 애에게 상처를 준 것이 틀림없었다. 기분이 좋지 않았다. 나는 이런 것들을 왜 놓쳤을까?

그때는 몰랐지만, 아빠는 내게 공감에 관해 가르쳐 주셨던 것 같다. 이제는 안다. 이게 바로 내가 어린 시절에 배운 결정적인 교훈이었다는 사실을. 기꺼이 타인의 입장이 되어보는 공감 연습은 나로 하여금 수많은 경계선을 넘어서게 했고 끝없는 기회를 열어주었다.

공감 덕분에 나는 더 좋은 친구가 되었다.
공감 덕분에 나는 더 나은 작가가 되었다.
공감 덕분에 나는 더 나은 협상가가 되었다.
공감 덕분에 나는 더 나은 마케터가 되었다.
공감 덕분에 나는 더 나은 엄마가 되었다.
공감 덕분에 나는 더 나은 커뮤니티 운영자가 되었다.

나는 이 간단한 교훈이 오늘날 내가 이끄는 브랜드와 글로벌 운동의 기초가 되는 가장 중요한 원칙이라고 믿는다.

그때 그 친구야, 어디에 있든 고마워. 이제는 네가 아주 좋은 사람이라고 확신해.

그리고 내게 공감의 가치를 가르쳐준 아빠, 고마워요. 잠시 생각을 멈추고 시간을 들여 다른 사람의 관점에서 상황을 볼 줄 알게 됐어요.

공감으로 시작할 때 삶은 훨씬 크고 풍요로워진다. 창의력은 머리가 아니라 마음에서 나온다. 그리고 마음에서 나온 것은 의심할 필요가 없다. 그것이 여러분을 가야 할 곳에 정확히 데려다준다고 믿어도 좋다.

chapter 2

오랑우탄 스웨터

    고등학교 2학년이 되기 전 여름, 어느 대학에 갈지 고민할 무렵 우리 네 식구는 고향인 오클라호마주 털사를 떠나 근사한 자동차 여행을 하기로 했다. 노스캐롤라이나 대학교를 둘러본 뒤 뉴욕 대학교와 보스턴 대학교가 있는 동부 해안을 따라 올라갔다가, 돌아오기 직전에는 코드 곶에서 며칠을 보내기로 했다.

    자동차 여행은 여러 방면에서 기억에 남을 만한 여행이었다.

    먼저, 전설적인 와플집 전투가 있었다. 고속도로를 벗어나 저녁을 먹으러 간 식당에서 엄마와 아빠가 말다툼을 벌인 것이다. 이기심과 헌신 그리고 팬케이크에 대해 뿜어내는 독설 속에서 나와 여동생은 부모님의 24년 결혼생활이 끝나가고 있음을 예감했다.

    애틀랜틱 시티 대참사가 일어난 건 그다음이었다. 아빠와 엄마는 여행 중 늘 그랬던 것처럼 호텔을 예약하지 말고 즉흥적으로 찾는 것도 재미있을 것 같다고 했다. 그런데 알고 보니 그날 밤 애틀랜틱 시티에서는 대규모 컨벤션이 세 개나 열리고 있었다. 호텔 네 군데를 뒤진 끝에 네 식구가 묵을 방으로 더블침대 하나짜리 방을 겨우 구했다. 아빠는 평소 가지도 않던 카지노에서 밤새워 도박하는 것으로 위기를 모면했다.

하지만 그 여행에서 가장 기억에 남는 순간은, 부모님의 오랜 친구인 실비아 아줌마와 오리온 아저씨를 만나기 위해 노스캐롤라이나주 샬럿에 갔을 때였다는 사실을 깨달은 건 아주 나중 일이었다.

실비아 아줌마와 오리온 아저씨는 남부 사람 특유의 매력이 넘치는 멋지고 호감 가는 커플이었다. 웃음소리가 시원시원한 오리온 아저씨는 유머 감각이 뛰어났다. 실비아 아줌마는 우리가 편히 머물 수 있도록 배려해 주었다. 실비아 아줌마는 우리에게 자신이 운영하는 작은 가게를 구경하러 가지 않겠느냐고 권했는데, 알고 보니 아줌마는 뜨개 공방을 운영하고 있었고 그 일에 꽤 자부심이 있었다.

실비아 아줌마의 가게에 도착했을 때 내 기분을 지루했다고 표현한다면 그건 아주 순화해서 말한 것이다. 우리는 긴 일정으로 가족 여행을 즐기는 다른 가족들처럼 오순도순 유쾌한 가족이 아니었다. 토라진 채 각자의 활동에 몰두하면서 잠자코 침묵할 뿐이었다. 가져온 책은 다 읽었는데 갈 길은 여전히 멀고, 차 안에는 숨 막히는 공기가 이어지자 나는 혼잣말을 하기 시작했다.

"칼곤, 나 좀 꺼내 줘(Calgon, Take Me Away)!"*

지루하고 불안했다. 무엇이든 탈출구가 필요했다. 부모님의 말다툼, 대학 진학에 대한 두려움, 조급하고 산만한 정신 상태로부터 나를 벗어나게 할 수 있는 것이라면 무엇이든. 마음을 가라앉혀 주고 집중하게 하고 생산적인 기분을 느끼게 해줄 무언가가.

당시에는 몰랐지만, 그때 이미 내 안에는 뜨개인의 영혼이 있었던 것 같다. 밖으로 표출되기를 기다리고 있었을 뿐.

실비아 아줌마는 이걸 직관적으로 알아차렸다. 그리고 조금이라도 뜨개를 해본 사람들이 대개 그렇듯, 그녀 역시 인내할 줄 알았다. 아줌마는 패셔니스타가 되고 싶은 이 열여섯 살 소녀가 구닥다리처럼 보이는 전통적인 취미를 쉽게 지나치지 못할 것이라는 사실을 알고 있었다.

그래서 자신의 뜨개 공방을 둘러보러 가자고 제안하기 전, 우리에게 저녁 식사를 대접한 뒤 약간의 수다를 떨었던 것이다. 지겨운 차에서 내릴 순간만을 간절히 기다리던 내가 어떻게 안 간다고 할 수 있었겠는가. 차가 실비아 아줌마의 가게 앞에 멈춰 설 때까지도 나는 "니트위츠(Knitwits)"라는 간판을 눈여겨보지 않았다. 가게는 예의상 대충 둘러보고, 근처에 귀여운 옷 가게나 있으면 좋겠다고 생각하며 건물을 올려다봤다.

* 1970년대 미국에서 인기를 끌었던 입욕제 브랜드인 칼곤(Calgon)사의 광고 카피.

실비아 아줌마의 뜨개 공방에 들어서자마자 약간의 호기심이 일었던 기억이 난다. 하지만 그때까지도 여전히 이렇게 생각했다. '뜨개는 나랑 진짜 안 맞아. 뜨개라고 하면 보통 담요 같은 걸 뜨지 않나.' 실을 만지려고 손을 뻗으니 실들은 까칠하거나 (울) 뽀득한(아크릴) 느낌이었다. 나는 여전히 다른 곳, 더 트렌디한 가게에 가고 싶다고 생각하며 창밖을 바라보았다. 그때 실비아 아줌마가 중얼거렸다. 매력적인 샬럿 지방 억양으로.

"한번 해볼래?"

돌아보니 실비아 아줌마가 길고 뾰족한 플라스틱 막대 두 개와 커다란 분홍색 실뭉치를 들고 서 있었다. 나는 눈을 끔뻑거렸다.

"제가요? 아, 전 못할 것 같은데요."

"무슨 소리야. 넌 정말 똑똑한 아이야. 금방 배울 거야."

"하지만 뜨개를 배우기에는 제가 너무 어리지 않나요? 그러니까 모든 게 다 너무… 복잡해 보이는데요."

"자, 할 수 있어."

그녀는 내 손에 바늘을 쥐여주며 말했다.

"정말 쉬워. 네 단계만 알면 돼. 봐, 울타리 아래로 찌르고, 뒤로 한 바퀴 돌리고, 울타리 뒤로 나와서, 점프!"

실비아 아줌마는 리듬 섞인 말장난을 반복하며 내 손 위에 자기 손을 포개 두 손이 함께 움직이도록 했다. 꼭 자전거를 처음 배울 때 같았다. 내가 소리를 지르면 아빠는 자전거 뒷좌석을 잡고 나와 나란히 뛰면서 말했다. 넘어지지 말고, 넘어지지 말고!

체계적이고 리드미컬했다. 어쩐지 위로받는 느낌이었다. 어느새 실비아 아줌마의 손은 사라지고 나는 혼자 뜨개를 하고 있었다.

내가 뜨개를 하다니!

나는 금세 푹 빠졌다. 한 코 한 코, 한 단 한 단. 전에 해본 어떤 공예보다 만족스러웠다. 예전에 엄마는 나에게 자수의 재미를 가르쳐 주려고 노력했지만, 자수는 당최 나와 맞지 않았다. 그림을 보며 실로 똑같이 따라 그리는 일이 얼마나 지루하던지. 숫자를 보고 따라가는 색칠 공부 같았다. 하지만 뜨개는… 달랐

뜨개를 처음 배운 날.
노스캐롤라이나 샬럿에 위치한 실비아 아줌마의 가게에서.

다! 무에서 유를 창조하는 일. 나만의 편물을 만드는 일. 실로 그림을 그리는 화가가 된 기분이었다. 거기에는 차분한 마음과 리드미컬한 무언가가 있었다. 내 뇌가 본능적으로 뜨개를 원한다는 걸 느낄 수 있었다. 뜨개는 균형 잡힌 활동이었고 명상적이기까지 했다. 뜨개는 마술이었다.

마침내 고개를 드니 실비아 아줌마가 환하게 웃고 있었다. 그녀의 눈에 비친 빛이 내 눈에도 비쳤다. 나는 뜨개인이 되었고, 다시는 예전으로 돌아갈 수 없었다.

다음으로 할 일은 뜨고 싶은 것을 찾는 것이었다. 실비아 아줌마는 간단한 담요를 떠보라고 했지만 나는 옷을 뜨고 싶었다. 이를테면 몸에 꼭 맞고 유행에 뒤처지지 않으면서 근사해 보이는 여름 탱크톱 같은 것? 나는 미친 과학자가 비밀 공식을 찾듯이 책 저 책 뒤적이며 도안을 찾았다. 하지만 운은 따라주지 않았다. 시간이 없었다. 엄마와 여동생은 차로 돌아갈 준비를 마친 상태였다. 결국 급하게 손에 잡힌 도안을 골랐는데 그게 바로 케이블 니트 스웨터였다.

"글쎄. 이건 좀 어려울 텐데."

"틀림없이 뜰 수 있을 거예요!"

나는 새로 얻은 자신감에 가득 차 이렇게 말했다.

"남은 여행 내내 뜨면 돼요!"

이 소녀에게 신의 은총이 내리기를. 실비아 아줌마는 게이지에 맞는 부드러운 연한 분홍색 실을 골라주었고, 나는 계획을 실행에 옮겼다.

확실히 내 실력보다 어려운 도안이기는 했다. 애틀랜틱 시티로 가는 길에 첫 코를 빠뜨렸을 때 나는 실비아 아줌마에게 전화를 걸어 상황을 설명했고, 아줌마는 최선을 다해 수습하는 방법을 알려 주었다. 온라인 뜨개 커뮤니티가 없던 시절이었으니 내게는 실비아 아줌마가 곧 유튜브였다. 꽈배기바늘 사용법 같은 것을 어떻게 전화로 설명하고 알아들을 수 있었는지 다시 생각해도 놀랍기만 하다.

내 뜨개는 순조로웠다. 정확히 말해 나는 뜨개와 떨어질 수 없는 지경이 되었다. 뜨개에 사로잡히고 중독됐다. 차 안에서, 식당에서, 코드 곶 해변에서도 나는 뜨개를 놓지 않았다. 그렇게 털사로 돌아온 지 얼마 지나지 않아, 내 첫 번째 프로젝트인 케이블 스웨터가 완성됐다. 정말이지 근사했다. 하지만 한 가지 문제가 있었다. 팔 길이가 15cm 정도 길게 떠진 것이다. 이것이 내가 "오랑우탄 스웨터"라 부르는 바로 그 스웨터다. 나는 이 스웨터를 지금까지 내가 뜬 스웨터 중 최고로 꼽는다.

1970년대에 유년기를 보낸 우리 세대는 일과 취미는 별개라고 배웠다. 취미는 재미로, 일은 진지하게 하는 것이라는 이분법이 뚜렷하던 시절이었다. 비즈니스 리얼리티 쇼 〈샤크 탱크〉

에서 마크 쿠반도 야심 찬 기업가들에게 이렇게 말했다.

"당신은 일이 아니라 취미를 하고 있군요. 저는 일에만 투자합니다."

또 이런 말도 들어본 적이 있을 것이다. 마크 앤서니부터 공자에 이르기까지 수많은 사람이 남긴 말이다.

"당신이 좋아하는 일을 하라. 그러면 평생 하루도 일하지 않을 수 있다."

방금 언급한 세 남자에게 감정은 없지만, 나는 위의 말이 모두 틀렸다고 생각한다. 대신 싱어송라이터 그레이엄 콕슨이 한 이 말을 더 좋아한다.

"제게는 취미(hobby)가 일(job)이에요. 조비(jobby)라고 부르죠!"

내면을 밝혀주는 창의적인 일을 찾았다면 당신은 운이 좋은 사람이다. 평생 하루도 빼놓지 않고 할 수 있는 일, 성장하고 발전하기 위해 기꺼이 노력할 수 있는 바로 그 일 말이다. 운 좋게도 조비를 찾았다면, 눈치 보지 말고 힘껏 끌어안기를. 모두가 미쳤다고 해도. 아니, 모두 미쳤다고 말할수록 더더욱.

'조비'는 여러분이 자신에게 줄 수 있는 가장 큰 선물이다. 더 중요한 사실은, 여러분이 세상에 줄 수 있는 가장 큰 선물이기도 하다는 점이다. 열정에 집중할 여유가 있다면 부디 그 열정에 몰두하고, 관습을 탐구하고 도전하자. 실패해도 다시 시도할 수 있다면 곧 무언가를 발견하게 될 것이다. 이러한 발견을 비즈니스라는 형태로 다른 사람과 공유한다면, 단순히 밥벌이만 하는 것이 아니라 인류의 발전을 위해 작은 행복을 만드는 것이다.

　이것이 엄연한 사실임을 증명한 사람들은 그리스 철학자부터 르네상스 시대의 예술가까지 수없이 많다. 자동화 및 인공지능 기술이 급격히 발달하는 요즘일수록 더 확고한 진실이 되어가고 있다. 이제는 창의력이 돈이다. 창의력을 경력으로 바꾸면 여러분은 최고의 직업 안정성을 누릴 수 있다. 좋아하는 일을 하는 데서 오는 무엇과도 바꿀 수 없는 짜릿함을 느끼며 세상에 지속적인 영향을 미칠 수 있다.

chapter 3

숨은 디딤돌

애틀랜틱 시티로 여행을 떠나기 1년 전, 나는 처음으로 일자리다운 일자리를 구했다. (그날 이후 지금까지 일을 멈춘 적이 없는 것도 사실이다.)

부모님은 내색하지 않았지만, 그때 우리집은 점점 돈이 쪼들렸던 게 분명했다. 소박한 용돈으로는 매일 등하교를 위해 엄마가 몰던 자동차에 기름을 넣는 것 외에는 할 수 있는 게 없었다. 영화를 보러 가는 건 꿈도 못 꿨다. 물론 십 대에는 누구나 돈에 쪼들린다. 그리고 운전을 한다는 사실만으로도 나는 다른 친구들보다 특권을 누린 셈이었다. 하지만 친구들은 늘 나보다 돈이 많은 것 같았다. 재미를 놓치지 않으려면 노동 시장에 합류해야 했다. 그렇게 구한 첫 직장이 신문사 자료실이었다.

고등학교 시절 나는 전문 작가가 되고 싶다는 확고한 꿈이 있었다. 그래서 10학년 때 내 영어 선생님이자 한때 〈털사 월드〉 (털사 지역 일간지)에서 주말 아르바이트를 했던 힝클 선생님이 마침 그곳에서 사람을 구한다는 소식을 알려주었을 때 망설임 없이 뛰어들었다.

당시 〈털사 월드〉는 디지털 시대를 맞이하기 전이었기 때문에 일간지들이 "시체 안치소"라고 부르는 업무 관행을 유지하고 있었다. 자료실 직원이 매일 발행된 신문에 대해 일종의 부검을 하는 것이다. 가위를 들고 기사를 하나하나 오려낸 뒤, 주제에 따라 다양한 크기의 노란 폴더에 스크랩했다. 기사 하나만 달랑 들어있는 폴더가 있는가 하면 "1984년 미국 현충일 홍수"라는 폴더는 두께가 4인치나 됐다. 하지만 기사를 오려 스크랩하는 전문 인력이 되기에 나는 너무 어렸고 경험도 부족했다. 그때 내가 맡은 일이라고는 뉴스룸에서 전화가 걸려 오기를 기다리는 것뿐이었다. 기자가 전화로 어떤 파일을 요청하면 그것을 찾아 뉴스룸에 가져다주고, 파일의 쓸모가 다하면 그것을 다시 시체 안치소로 가져다 놓는 일이었다. 심심할 때는 파일을 읽거나 숙제를 할 수도 있었다. 겉보기에는 하찮아 보이는 이 일이 내 삶의 궤적을 극적으로 바꾸어 놓았다.

당시만 해도 내 꿈은 언론인이 되는 것이었다. 그러니까 나는 매일 내가 그리는 삶을 살고 있는 마음속 영웅들에게 파일을 건네고 있었던 셈이다. 내 머릿속에서 일간지 기자란 거리를 활보하며 훌륭한 이야기를 찾고, 진실을 밝히고, 무엇보다도 세상에서 가장 매혹적인 사람들에 얽힌 뒷이야기와 심리를 깊이 파헤치며 짜릿한 삶을 사는 사람들이었다. 하지만 〈털사 월드〉 뉴스룸에서 발견한 삶은 상상과는 달랐다. 그곳에서 본 건 입꼬리가 축 늘어진 채 슬픈 얼굴을 한 사람들이 온종일 침울하게 컴퓨터를 바라보며 커피를 마시는 풍경이었다. 파일을 찾아 뉴스룸에 도착해도 고개를 들어 나를 바라보는 사람은 별로 없었다. 너무 진지하거나 너무 명랑했던 열여섯 살의 내가 그들에게는 꽤 성가시지 않았을까 싶다. 그들 모두는 거의 녹색에 가까운, "나는 절대 햇빛을 보지 못할 거야"라고 말하는 듯한 창백한 피부색을 지니고 있었다. 열정의 결핍은 손끝으로 만져질 듯 분명해 보였다.

그렇게 내 꿈은 물거품이 되었다. 하지만 이 일은 내게 엄청난 선물이었다. (산산조각 난 꿈이 대개 그렇듯. 믿거나 말거나.) 나는 작가가 되고 싶다는 꿈은 바뀌지 않았기 때문에 글을 쓸 수 있는 다른 분야를 찾기 시작했다. 새로운 사람을 만나고 새로운 것을 배울 수 있는 분야. 나를 세상 밖으로 밀어줄 만한 일. 그날이 그날 같지 않은 뻔하지 않은 일. 뭐가 있을까? 기술 작가? 지루할 것 같았다. 잡지 기자? 뉴욕 출신이 아니면 어려워 보였다. 시나리오 작가? LA 출신이 아니면 어려울 테고. 그럼 소설가나 논픽션 작가? 선생님과 부모님은 늘 이렇게 말씀하셨다. 그런 일로 먹고살기가 얼마나 어려운 줄 아느냐고. 그런 일로 생계를 유지할 수 있는 사람은 극소수의 운 좋은 사람뿐이며, 한 작품을 끝내고 다음 작품을 내기까지 수년이 걸릴 거라고 했다. 상황은 몹시 암담해 보였다.

〈털사 월드〉 인턴십이 끝나고 몇 달 뒤, 나는 지역 상공회의소가 주최하는 '캠프 엔터프라이즈' 행사에 참석했다. 학교를 벗어날 수 있는 괜찮은 핑계라는 생각에 신청한 행사였지만, 그곳에서 보낸 이틀은 믿을 수 없을 만큼 지루했다. 제조업이나 석유 생산 또는 회계 분야의 경력에 관해 누가 누구인지도 분간하기 어려운 사람들이 늘어놓는 장광설을 주야장천 들어야 했기 때문이다. 그러다 프레드라는 발표자가 무대에 올랐을 때, 이전까지의 틀이 완전히 깨졌다. 그는 광고 대행사에서 지면 광고와 영상 광고를 만들고 있다고 자신을 소개했다. 생기 넘쳤고 유머 감각도 좋았다. 광고인을 괴롭히는 끝없는 브레인스토밍과 갑질하는 클라이언트들 그리고 TV 광고 촬영이 얼마나 번갯불에 콩 볶아 먹듯 이루어지는지에 관한 그의 이야기는 청중을 사로잡기 충분했다.

그는 스스로 광고를 좋아하는 이유를 이렇게 설명했다. 매일 다른 일을 할 수 있기 때문이라고. 클라이언트가 운영하는 사업에 뛰어들어 그들의 메시지를 듣고, 목표로 하는 대상에게 제대로 전달하는 방법을 찾아내는 것이 그가 하는 일이었다. 클라이언트가 바뀌면 사업도 바뀌고, 광고 수신자도 달라졌다. 하루하루가 같을 수 없는 일, 독특하고 도전적이고 창의적이고 보람을 느낄 수 있는 일.

프레드는 자신을 "카피라이터"라고 불렀다.

나는 드디어 새로운 꿈을 찾았다.

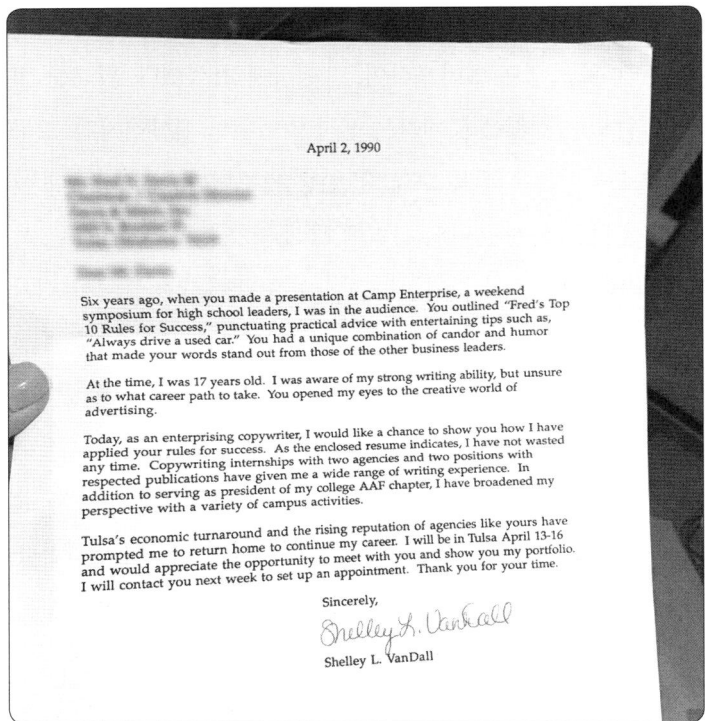

인턴 자리를 찾기 위해 보냈던 수많은 편지 중 하나.

이 특별하고도 엄청난 경험은 어릴 적 꿈이었던 기자와 내 미래의 꿈을 이어주었고, 마음속 목표를 달성하기 위해 한 걸음 다가갈 수 있게 해주는 숨은 디딤돌이 되어 주었다.

chapter 4

광고의 기술

가족과의 자동차 여행 이후, 나는 동부에 있는 대학교에 진학하겠다는 꿈을 포기했다. 부모님의 이혼이 임박한 상황이라 장학금을 받을 수 있는 학교들로 명단을 좁혀야 했다. 광고학으로 학위를 받을 수 있는 학교들에 집중하다 보니 그 목록은 더 좁아졌다. 텍사스 크리스천 대학교(TCU)에서 전액 장학금을 제안받았을 때, 나는 결단을 내렸다. 그 학교의 마스코트인 뿔개구리라는 별명을 영원히 달고 살게 될 거라는 사실을 알았지만 말이다.

대학 생활에 적응하는 일이 당연히 쉽지는 않았다. TCU는 아름다운 사람들만 사는 곳 같았다. 여성들은 고작 축구 경기를 보러 가기 위해 드레스를 차려입고 화장을 하고 거꾸로 빗질을 해 텍사스 하면 떠오르는 거대한 머리 볼륨을 만들었다. 1학년 때 내 룸메이트는 극심한 향수병에 걸렸는데, 나는 도무지 그 친구를 이해할 수 없었다. 그녀는 TCU가 있는 도시인 포트워스 출신이었기 때문이다. 결국 룸메이트는 학기 중반에 학교를 그만두었다. 그 무렵 나는 전공인 광고학과 부전공인 정치학을 조화롭게 공부하는 방법을 터득했다. 털사에서 진행 중인 이혼 드라마에서 빠져나올 수 있게 된 것에 감사하면서 약간의 죄책감도 느꼈다. 하지만 머지않아 다른 도전이 나를 찾아왔다. 그것은 바로 내가 선택한 직업에 새겨진, 불 보듯 뻔한 불가능이었다.

그때도 광고는 큰 산업이었다. 빠르게 발전했고 유행의 첨단을 달렸다. 모두가 광고계에서 일하고 싶어 했다. 하지만 1학년 첫 학기부터 광고학과 교수님들은 이렇게 경고했다. 졸업할 즈음이 되면 우리 모두 광고 회사에서 커피라도 탈 수 있게 해달라고 간절히 기도하게 될 거라고. 정말 열심히 일한다면 몇 년간 커피를 타다간 재무 담당 보조의 보조나 미디어 구매 담당 보조의 보조가 될 수 있을 거라고도 했다.

창의력 넘치는 부서에서 일한다? 꿈 깨.

놀라운 깨달음은 그것만이 아니었다. 우리 학교에서 광고를 가르치는 교수 중 실제로 광고 분야에서 일한 사람은 없었다. 전직 언론인이나 글로벌 커뮤니케이션 전문가는 있었지만, 카피라이터나 광고 디렉터, 하다못해 광고 회사 회계팀에서 일한 사람도 없었다.

언론계에서 통용되는 엄격한 문법과 철자법, 구두법을 접하고 기초를 확실히 다질 수는 있었지만, 나는 좀 더 살아있는 광고 지식을 배우고 싶었고, 그 방법을 찾는 건 어디까지나 내게 달려 있었다.

나는 여름 인턴십에 도전하기로 했다. 그때까지 나는 아르바이트를 쉰 적이 없었다. 푹푹 찌는 7월에 온도가 43도까지 치솟는 창고에서 크리스마스 장식품을 파는 일부터 시작해 소문난 펍에서 맥주와 소시지를 파는 일, 피부과 병원, 아이스크림 가게를 거쳐 아기를 돌보는 일까지 그야말로 쉼 없이 일했다. 하지만 이제부터는 진지하게 임해야 했다.

대학교 신입생답게 세상에 대한 무지로 똘똘 뭉쳐 있었던 나는 털사 지역에서 광고 대행사나 디자인, 마케팅이라는 키워드로 등록된 모든 회사에 보낼 자기소개서를 썼다. 나는 카피라이터가 될 운명이며, 나를 여름 인턴으로 고용해 최저 임금만 준다면 회사가 바라는 무슨 일이든 다 하겠다고 썼다. 스무 군데쯤 보냈던 것 같다.

매일 우편함으로 터벅터벅 걸어가 제발 답장이 도착해 있기를 빌었지만, 우편함은 늘 비어 있었다. 제로. 그야말로 텅.

수화기를 들었다. 정중한 태도를 잃지 않은 채 끈질기게 전화를 걸었다. 부재중이면 메시지를 남기고 다시 전화했다. 그렇게 몇 주쯤 기약 없는 전화 시도 끝에 마침내 작은 부티크 디자인 회사를 운영하는 신디라는 여성이 콜백을 해왔다. 그녀는 바로 면접을 볼 수 있느냐고 물었다. 나는 떨 듯이 기쁜 마음을 누른 채 운전대를 잡고 35번 주간 고속도로로 내달렸다.

난생처음 카피라이터로 일하면서 내가 배운 건, 광고를 정말로 세련되게 만들 수도 있다는 사실이었다.

이국적인 러그와 풍성한 태피스트리, 아시아 분위기가 물씬 풍기는 소품들로 가득한 아름답고 여성스러운 분위기의 사무실에서 신디는 크고 묵직한 책상에 앉아 컴퓨터와 마우스가 아니라 붓펜을 들고 광고 만드는 일을 즐겼다.

그 회사의 유일한 카피라이터로 채용된 나는 출발이 순조롭다고 느꼈다. 사실 순조롭기만 할 수는 없었다. 왜냐하면 광고학과 수업을 다 들은 게 아니었기 때문이다. 어떻게 보면 사장을 속인 셈이기도 했다. 신디는 이 사실을 알고 있었지만 아무 말도 하지 않았다. 그저 웃는 얼굴로 직접 쓴 광고 시안을 건네며 일하라고 말할 뿐이었다.

나는 그곳에서 처음으로 간결함의 중요성을 배웠다.

신디에게 카피란 시와 장식의 결합이었다. 섬세하고 설득력 있게 조합된 메시지로 가득 찬 보고서를 신디에게 건네면, 곧 붓으로 그은 우아한 엑스 표시가 가득한 상태로 돌아왔다. 살아남는 건 한 단어 정도였다.

두 여직원과 프리랜서 몇 명으로 운영되는 작은 회사였지만 신디는 꽤 인상적인 클라이언트와 일하고 있었고, 예술적인 감각을 원하는 고급 브랜드에서 그녀를 찾았다. 특히 내슈빌에 아는 사람이 많아서, 유명 음악인들이 앨범 표지를 디자인해 달라며 그녀에게 연락하고는 했다. 근무 시간이 자유롭다는 점도 그 회사의 특징이었다. 신디에게 알리기만 하면 카피를 만드는 데에 지장이 없는 한 원하는 때에 출퇴근할 수 있었다.

그곳에서 일하는 동안 나는 되도록이면 클라이언트의 결정권자와 만나 직접 이야기를 나누고자 했다. 결정권자는 대표나 마케팅 디렉터일 때도 있고, 가끔은 뮤지션 본인일 때도 있었다. 단 5분이라도 직접 이야기를 듣고 나면 그들의 여정에 공감할 수 있었고, 그들의 입장에서 그림을 그릴 수 있었다. 그들이 가진 희망과 꿈을 시각화할 수 있었다. 상품이나 서비스 또는 노래가 그들의 삶을 어떻게 더 낫게 바꿔줄지 생각했다. 그들의 이야기를 진정으로 이해하고 느끼고 믿고 나면 카피는 저절로 써졌다. 여름 인턴십이 끝나갈 무렵, 나는 이 일을 계속해야겠다고 생각했다. 자연스럽게 판매로 이어질 이야기들을 더 듣고 싶었다.

나는 이 일에 순식간에, 미친 사람처럼, 깊이 매료되었다. 이런 일을 만나기는 처음이었다. 매일이 새로웠다. 새로운 클라이언트를 공부하는 일, 그들의 역사와 미션, 고객과 목표를 아는 일은 무척 재미있었다. 그 모든 것을 몇 개의 강력한 단어와 아름다운 이미지로 공유하는 일 또한 좋았다. 창의력을 발휘해 경험을 공유하고 고객과 연결되는 일은 그야말로 마술이었다. 광고업계에서뿐 아니라 앞으로 펼쳐질 인생의 모든 우여곡절에서 나를 성장하게 하고 성공하게 한 건 마법을 발견하는 일, 단순히 파는 일이 아니라 공감과 이야기와 서비스를 공유하는 일이었다.

chapter 5

천 개의 아이디어

TCU 졸업이 다가올수록 함께 광고/홍보 프로그램에 참여하는 같은 과 친구들의 공황 수준이 점점 심각해지는 것을 느꼈다. 당시는 광고 대행사의 황금기였다. 그러니까 웹, 페이스북, 아이폰의 부상에 따라 광고가 급속도로 하강하기 바로 직전의 절정이랄까. 광고 회사의 크리에이티브 디렉터들은 부풀린 헤어스타일의 갈색 눈 슈퍼 모델과 함께 코카인을 흡입하고, 다음 시즌 슈퍼볼 광고를 꿈꾸며 벤틀리를 타고 댈러스를 돌아다녔다.

그것은 모든 학생들의 꿈이었다.

〈애드위크〉라는 잡지에서 본 설문조사가 떠오른다. 미국인에게 '가장 신뢰 가는 직업은 무엇입니까?'라고 물은 이 조사에서 ("자동차 딜러"를 간신히 따돌리고) 2위에 오른 것이 광고 대행사 임원이었다. 목록에 오른 일들 대부분이 부정직한 직업이라 기준이 미심쩍기는 했지만, 그럼에도 인정해야겠다. 나 역시 그 설문조사 결과를 눈여겨보고 있었다는 사실을. 안타깝게도 광고 분야에서는 사회 초년생을 위한 자리가 전무했다. 광고 현장을 직접 경험해 본 야심 찬 여학생에게도 상황은 다르지 않았다.

교수들은 우리의 기대를 낮추려고 노력했다. "자리만 준다면 무조건 받아들여라, 무급 인턴이든 커피 타는 사람이든 관리인이든. 기회만 잡는다면 몇 년간 실력을 증명한 후 영업 보조 자리가 생길지도 모른다"고 가르쳤다. 내가 물었다. "하지만 영업직이 싫으면요? 광고제작부에 들어가고 싶으면요?" 그들은 웃었다. 하지만 내가 농담으로 물은 것이 아니라는 사실을 깨닫자 웃음은 연민으로 바뀌었다.

"대학을 졸업하고 바로 광고 제작부에서 일할 수는 없어. 그렇게는 어려워." 또 나왔다. 안 된다는 말. 정말 그들의 말을 믿어야 했을까? 어떻게 그렇게 확신을 하지?

내가 믿는 구석인 전화번호부를 꺼내 전화를 걸기 시작했다. 댈러스로, 포트워스로, 털사로. 상호를 강조한 크고 매끈한 광고를 내건 회사부터 시작해서 조용하고 단순한 광고를 내건 회사까지 차례차례 전화를 걸었다.

광고 대행사와 홍보 회사, 그리고 사내에 광고 대행사 파견 인력을 두고 있는 회사까지 한 50여 군데에 전화를 건 것 같다. 전문 구직 사이트가 만들어지기 훨씬 전이었기 때문에 수십 통의 이력서를 우편으로 보내야 했다. 그리고 몇 군데에 전화를 걸었다. 나와 대화를 나눈 모든 사람들에 관해 메모했다. 그들의 이름과 직함을 꼼꼼하게 기록했다. 채용할 수 없다는 말을 들을 때마다, 현재 사람을 구하고 있는 다른 광고 회사에 관해 아는지 물었다. 전화를 걸어야 할 회사 목록이 줄수록 거절 답변은 늘었다. 그렇게 졸업을 두 달쯤 남긴 어느 날, 엄마와 통화를 했다. 같은 과 친구 중 취업한 사람은 아무도 없고, 시장은 진입하기에 엄청나게 힘들어서 졸업한 뒤에도 취업을 못 할까 봐 걱정된다고 말했다.

"나 일 구하기 전까지 엄마랑 같이 살아도 되지?" 나는 웃으며 말했지만, 수화기 너머는 조용했다. "되는 거지, 엄마?"

부모님은 내가 학교에 다니는 동안 이혼에 합의했고, 90년 당시에 엄마에게는 방 세 개짜리 집이, 아빠에게는 방 한 개짜리 작은 아파트가 있었기 때문에 나는 논리적으로 따져서 엄마의 집에 머물기로 생각한 것이었다. 잠시 뒤 엄마가 말했다.

"그래, 졸업하면 이리로 와. 하지만 한 달 만이야. 그 뒤에는 아파트 같은 것을 구해서 나가야 할 거야."

그렇게 내게는 뾰족한 이분법이 생겨났다. 취업을 하거나, 노숙자가 되거나.

다시 전화번호부를 뒤졌다. 기숙사 방 한가운데 앉아 전화기를 응시하며, 나를 거절했던 회사에 다시 전화할 용기를 불러 모았다. 오클라호마주 젱크스에 있는 오닐&어소시에이츠라는, 내 전화를 겸손하게 받아주었던 회사와 다시 통화해 보기로 했다. 지난번에 통화할 때는 카피라이터가 두 명이나 있어 더는 필요치 않다고 했다. 하지만 나를 거절했던 다른 회사로부터 오닐이 최근 상승세라는 이야기를 들었다. 능력 있는 크리에이티브 디렉터를 고용하고 새로운 거래처를 만들고 있다는 것이다. 나는 심호흡을 하고 수화기를 든 뒤 번호를 눌렀다. 안내원에게 "능력자"씨와 통화가 가능한지 물었다. 그녀는 번호를 알려주었고, 나는 마음속으로 음성 메시지를 남길 준비를 하고 있었는데…

"여보세요?"

오, 이런. 능력자 씨가 받았다.

"아, 어… 안녕하세요."

"누구세요?"

"어, 저는 셸리 반델이라고 합니다."

"네, 셸리 반델 씨. 무슨 일이신가요?"

"음, 아, 어, 제가 TCU에서 광고를 전공하고 있는데 곧 졸업을 앞두고 있어요. 혹시 카피라이터가 필요하신가 해서요."

"아, 뿔도마뱀, 맞죠? 금요일에 오실 수 있어요?"

"어, 뿔 달린 개구리요, 네, 그럼요. 네, 금요일에 갈게요."

"그럼 오전 10시에 봐요."

맙소사!

약속한 금요일에 오닐&어소시에이츠에 방문하니 시장바닥

이 따로 없었다. 고객 담당 임원들은 마감 문제를 두고 팔을 휘저으며 공간이 쩌렁쩌렁하도록 소리치고 있었다. 아트 디렉터는 책상과 복사기 사이를 말 그대로 뛰어다니고 있었다. 아드레날린과 광기 넘치는 웃음소리, 불안장애와 한 끗 차이인 스트레스가 어우러져 긍정적인 긴장이 넘치는 분위기였다. 마음에 쏙 들었다. 반드시 이곳의 구성원이 되어야 했다.

접수원의 안내를 받으며 능력자 씨의 사무실로 향했다. 광기 어린 웃음소리의 주인공은 바로 능력자 씨였다. 그는 통화 중이었는데, 특유의 엄청난 집중력과 더불어 외설과 부적절의 경계를 아슬아슬하게 넘나드는 유머로 클라이언트를 즐겁게 해주고 있었다. 그의 푸른 눈이 나를 발견하고는 수화기를 손으로 가리며 이렇게 말했다. "아, 끊어야겠어요. 내 사무실에 뿔 달린 개구리가 나타났거든요."

"그래서, 카피라이터가 되고 싶다고요?"

전화를 끊은 그가 내게 물었다.

"네, 그러니까… 사실 이미 된 것 같아요. 인턴십을 꽤 했거든요."

"실력 좀 볼까요?"

그에게 포트폴리오를 건넸다. 그가 페이지를 넘기며 말했다.

"음, 쓰레기인데. 쓰레기, 쓰레기. 완전 쓰레기."

얼굴이 벌겋게 달아오르는 게 느껴졌다.

"뭐 이건 나쁘지 않네요. 그리고 이건, 흠…"

그가 나를 올려다봤다.

"제대로 된 업무 지시와 괜찮은 아트 디렉터가 붙으면 희망이 있을 수 있겠네요."

그런 다음 그가 내게 일을 제안했다.

"연봉은 1년에 1만 2천 달러에요."

터무니없이 낮은 급여였다. 그도 알고 나도 알았다. 하지만 오늘 이 순간까지도 그것은 내가 해본 거래 중 가장 만족스러운 것이었다. 그 급여는 내가 올바른 진로를 선택했다는 사실을 의미했다. 그것은 높은 평가를 받는 누군가가 나의 창의성을 믿고 내게 기꺼이 장기적인 투자를 했다는 사실을 의미했으니까.

오닐&어소시에이츠에서의 생활은 내가 바라마지 않던 아드레날린 혼잡 그 자체였다. 첫째 날, 능력자 씨는 나를 마감 담당 부서 한가운데 있는 작은 책상으로 안내했다. 그곳은 프로젝트가 차질 없이 진행되어 마감일이 제때 지켜지고 있는지를 확인하고 감독하는, 말하자면 이 회사에서 가장 혼란스러운 부서였다. 회사가 누구도 예상치 못할 만큼 빠르게 성장한 결과 공용 공간은 벽이란 벽마다 급하게 추가 주문한 사무용 가구로 꽉 막혀 정글이 되어가고 있었다. 나는 능력자 씨가 건넨 작업 일지와 함께 내 책상에 앉았다. 풀타임 직장인으로 받은 첫 번째 작업일지였다!

내 첫 업무는 자동차 대리점 라디오 광고였다. 꿈에 그리던 화려한 일은 아니었지만 무슨 일이든 시작해야 한다는 건 알았다. 나는 공감 모자를 쓴 뒤 첫차를 샀을 때 기분이 어땠는지 되새겨보았다. 그때의 감정이 언어로 바뀌어 PC로 흘러들었다. 몇 차례 수정을 한 뒤 출력물을 들고 조심스럽게 능력자 씨의 자리로 갔다.

"나쁘지 않아. 훌륭한 건 아니니까 거만해지지는 말고. 어쨌든 나쁘지 않아."

나는 표정 변화 없이 그에게 고맙다고 말했다. 그의 사무실을 나와 어느 정도 거리가 멀어졌다고 느껴졌을 때, 나는 복도를 따라 걸으며 춤을 추었다.

나는 점점 많은 업무를 맡았다. 주로 오닐과 독점으로 거래하는 자동차 딜러들을 위한 광고였다. 클라이언트 명단은 빠르게 늘어갔지만, 카피를 쓸 수 있는 직원은 세 명이 전부였다. 능력자 씨와 나 그리고 사무실에서 좀처럼 얼굴을 볼 수 없는 여자 한 명. 그녀는 밝고 재미있는 사람처럼 보였지만, 능력자 씨가 이곳에 오기 전부터 이 회사에서 일해 왔던 그녀는 새롭고 빠르고 진취적으로 바뀐 회사 분위기에 적응하지 못하는 것 같았다. 그 점이 약간 실망스러웠다. 왜냐하면 당시에는 여성 크리에이티브 디렉터가 아주 희귀했고, 나는 동성으로부터 멘토링을 받고 싶은 맘이 간절했기 때문이다.

그러던 어느 날, 내 책상 위에 새로운 작업일지가 올라왔다. 자동차 딜러 광고가 아니었다. 작은 지역 은행 광고였다. 게다가 그냥 광고나 라디오 대본이 아니라 슬로건이 들어가는 광고였다. 엄청난 기회였다. 말하자면 카피라이터가 회사 로고를 개발하는 것과 동급의 일이었다. 능력자 씨는 내가 그렇게 큰일을 맡을 만큼 능력이 있다고 믿는 게 틀림없었다.

나는 순진한 20대의 열정을 불태우며 일에 몰두했다. 예상 슬로건을 쓰다 보니 노란 메모 패드가 세 페이지를 넘어갔다. 방 안을 빙글빙글 돌며 메모지를 찢어 내고 다시 썼다. 마침내 마음에 드는 슬로건을 세 개로 좁히고, 그중 가장 마음에 드는 것을 페이지 맨 위에 적은 뒤 능력자 씨의 자리로 갔다.

그가 슬로건을 훑어보고는 안경 너머로 나를 올려다보았다. 의자에서 일어나더니 나를 지나쳐 방문을 닫고서 다시 그의 책상으로 돌아왔다. 내 슬로건에 자신만만했던 나는 그가 내게 아낌없는 칭찬을 쏟아낼 예정인데 아마도 다른 사람이 들으면 곤란할까 봐 문을 닫나보다 생각했다.

"그래서, 당신이 미는 슬로건은 이거네요, 그렇죠?"

그가 물었다. 나는 세차게 고개를 끄덕였다.

"믿고 맡길 만큼 크고, 세심하게 신경 쓸 만큼 작다?"

그의 낭독을 들으니 어쩐지 그렇게 훌륭하게 들리지 않았다.

"음, 네. 어떻게 생각하세요?"

"셀리, 나는 당신이 아이디어를 천 개는 더 가지고 있다고 생각해요. 단지 나오기를 기다리고 있을 뿐이죠."

"하지만… 전 이게 완벽하다고 생각했는데요. 이 슬로건은 이 은행이 왜 특별한지를 담은 거예요. 사실이고요. 진짜잖아요."

"진부해요. 이런 카피는 넘쳐요. 당신이 너무 초짜라 깨닫지 못할 뿐이에요. 시간만 들이면 그냥 떠오르는 것들이라고요."

"하지만… 알겠어요."

나는 한숨을 쉬며 대답했다. 그가 나를 일부러 가혹하게 대하는 것 같았다. 눈물을 참았다.

"노란 메모 패드를 세 페이지는 더 채우세요. 당신 안에 아이디어가 있다는 거 알아요."

그가 부드럽게 말했다. 적어도 그는 내가 실패했다고 생각하지는 않는 것 같았다.

고개를 숙인 채 자리로 돌아오며 깨달았다. 나는 아직 갈 길이 멀다는 사실을. 이곳에 취업해 내 창의력을 검증받았다고 해서 더는 배울 게 없는 것이 아니다. 매일이 곧 새로운 광고이며 새로운 도전이다. 아직도 글이 잘 안 써질 때 나는 머릿속으로 능력자 씨의 말을 떠올린다. "천 개의 아이디어."

메모 패드를 찢어 새로운 페이지를 마주한 나는 처음부터 다시 시작했다.

결국 능력자 씨에게 말했다. 마감 담당 부서뿐 아니라 다른 부서의 젊은 직원들도 함께 쓰는 이 구덩이 같은 사무실 말고 나만의 방을 달라고. 나는 여러 사람과 브레인스토밍하는 것을 좋아하지만, 내 생각을 가다듬고 글을 쓸 수 있는 조용한 공간도 필요하다고 설명했다. 그곳에서는 약간만 소란스러워도 마치 누군가 "다람쥐!"라고 외치는 것처럼 크게 들렸고, 그때마다 나는 내 프로젝트를 다시 시작해야 했다. 그리고 마침내 능력자 씨는 안내 데스크 근처에 있는, 작은 빗자루만 한 사무실을 쓰게 해주었다. 구덩이 같았던 예전 공간에 비하면 감지덕지였다.

그리고 어느 날, 나는 헬스케어 브로슈어의 내용을 소리 내어 읽고 있었다. 복잡하고 정교한 일은 아니었기 때문에 방문을 열어둔 채였다. 그때 엘리베이터에서 내려 로비를 통과하는 능력자 씨의 우렁찬 목소리가 들렸고, 더불어 처음 듣는 것 같은 남자의 목소리도 들렸다. 두 사람은 함께 모퉁이를 돌아 내 사무실과 복도를 지나치더니 벽에 걸린 액자에 대해 이야기했다. 순간 무언가가 나를 세게 휘몰아쳤다. 아주 세게. 나 저 사람과 결혼하겠구나. 내면의 목소리가 들렸다. 뭐? 말도 안 돼. 하지만 목소리는 크고 확고했다. 분명했다. 저 사람이었다. 바로 저 사람. 그때 나는 다른 남자와 꽤 진지하게 사귀고 있었다. 사귄 지는 이미 1년이 넘었고, 둘 다 제대로 된 직업을 얻어 정착하고 있었기 때문에 슬슬 미래에 관한 이야기가 나오던 참이었다. 그런 시점에 내 머릿속에서 그런 목소리가 들린 것이다.

자리에 앉아 혼란스러워하며 이 목소리의 정체가 대체 뭘까 궁금해하고 있을 때, 능력자 씨와 알 수 없는 남자가 복도를 지나갔다. 알고 보니 알 수 없는 남자의 이름은 브렌트 브랜더였다. 브렌트는 경쟁사의 아트 디렉터였는데, 능력자 씨의 말로는 브렌트가 OK만 하면 즉시 우리 회사로 이직할 것이라고 했다. 브렌트와 나는 웃는 얼굴로 인사를 나누었고, 그들은 다시 엘리베이터를 향해 걸어갔다. 감탄이 터져 나왔다.

그날 오후 탕비실을 달군 것은 신임 아트 디렉터에 관한 이야기였다. 누군가가 그가 32살이라고 했다. 그리고 결혼도 했다고. 두 번째 감탄이 터져 나왔다.

내 직감은 말도 안 되게 빗나간 게 분명했다. 나는 브렌트에 대한 낭만적인 생각을 즉시 떨쳐버렸다. 애초에 그런 생각을 한 것 자체가 어리석고 철없게 느껴졌다.

그러나 능력자 씨는 브렌트와 나를 크리에이티브 파트너로 짝지었다. 함께 일 해보니 우리는 타고난 콤비였다. 브렌트의 시각적 아이디어는 나를 자극했고, 나의 아이디어도 그에게 자극을 주었다. 우리는 몇 시간씩 앉아서 우리 앞에 놓인 광고계의 도전에 대해 번갈아 이야기하다가 농담을 주고받으며 대중문화, 정치, 가족, 인생 등 닥치는 대로 대화를 나누었다. 그렇게 우리는 창조적인 영역으로 빠져들었다. 그렇게 대화를 나누는 동안 영감이 떠오르지 않은 적이 없었다. 눈 깜짝할 사이에 몇 시간이 지나고 보면, 그 끝에 새로운 광고 아이디어라는 결실이 놓여 있었다.

매일 오후 3시 그와 나누는 대화는 내게 힐링이었다. 우리 두 사람은 회사 근처 편의점까지 몇 블록에 걸쳐 뻗어 있는 2차선

도로를 함께 천천히 걸었다. 고탄수화물 간식을 먹으며 창의적인 아이디어의 두 번째 파도를 맞이했고, 해가 진 뒤에도 계속해서 광고에 관한 생각을 주고받았다. 나는 브렌트가 가끔 캐러멜 초콜릿을 먹을 때도 있기는 하지만 보통은 땅콩 캐러멜 바를 즐긴다는 사실도 알아냈다.

나는 브렌트에 관한 사소한 것들을 점점 많이 알게 되었다. 그리고 동료들도 브렌트와 나의 관계를 눈치채기 시작했다.

담당자란에 우리의 이니셜인 SV와 BB가 나란히 적힌 프로젝트가 점점 늘어갔다. 하지만 번개가 치는 듯했던 첫 번째 만남 이후, 브렌트가 내게 조금이라도 호감을 가질 수도 있다는 생각은 하지 않았다. 그는 결혼했고, 나이가 많고, 현명한 사람이었다. 그때 내게 32살은 거의 조상처럼 느껴지는 나이였다! 나는 갓 대학교를 졸업한 애송이였고, 내 커리어에 완전히 몰입한 상태였으며, 능력자 씨가 다음 광고를 승인해 줄 것인가 말 것인가 같은 생각에 빠져 있었다. 무엇보다 언젠가 카피라이터에서 크리에이티브 디렉터로 승진하겠다는 목표를 향해 돌진하고 있었다. 하지만 그날은 오게 되어 있었다. 아무도, 심지어 나조차도 예상치 못할 만큼 빠른 속도로.

chapter 6

내 이름을 건 간판

  90년대의 광고 회사들이 대개 그랬듯, 오닐&어소시에이츠도 빠르게 정점에 도달한 후 쇠퇴하기 시작했다. 우리들 대부분이 모르는 사이에 지점장과 사내에서 근무하던 그의 가족이 모의해 회삿돈을 횡령하는 일이 일어났다. 능력자 씨를 비롯한 임원들이 사무실에 머무는 시간이 갈수록 줄었고, 얼마 뒤 브렌트는 직접 디자인 회사를 설립하겠다며 회사를 떠났다. 무언가가 내게 이제 옮겨야 할 때라고 말하는 것 같았다. 털사에서 가장 큰 광고 회사인 애드버타이징 인코퍼레이션(Ad Inc)에서 면접 볼 기회가 생겼을 때 거절하지 않은 것은 그래서였다.

  애드버타이징 인코퍼레이션은 상상력을 자극하는 사명을 내세우거나 근무 환경이 매력적인 곳은 아니었지만(사무실 분위기는 잘 나가는 광고 회사라기보다 50년대 보험 대리점처럼 보였다), 그곳에서 보낸 시간은 내게 두 가지 매우 귀중한 선물을 주었다.

  첫 번째는 대기업 클라이언트와 함께 일하는 법과 더불어, 창의력이 담긴 재미있는 메시지를 구성하는 법을 배웠다는 사실이다. 딱딱하고 지루한 이미지를 가진 오클라호마 천연가스라는 공공기관의 광고를 만들 때는 일반인과 직접적으로 관련된 생활 에피소드를 유머러스하게 넣었고, 심지어 회사 대변인을 비행기에서 뛰어내리게 했다. 이 광고가 많은 상을 받으면서 명예가 높아지자 이것이 다시 제품 판매 증가로 이어졌다. 무엇보다 무대 뒤에서 구경만 하던 내가 클라이언트 미팅에 직접 참여하기 시작했다. 내 창의적인 콘셉트를 안착시키기 위해 로비를 하고, 클라이언트와 함께 메시지를 다듬으면서 전략적 파트너십을 맺는 법을 배웠다.

애드버타이징 인코퍼레이션이 내게 준 두 번째 선물은 내 생애 최고의 멘토 중 한 명을 얻었다는 사실이다. 10cm 높이의 힐을 신는 키 150cm의 활력 넘치는 사람, 도카스 메로니였다. 회계 임원이었던 도카스는 회사 안에서 남성 직원들과 성공적으로 소통하는 방법을 몸소 보여주었다. 그녀는 날카롭고 정확한 직관을 가지고 있었고, 자신의 생각을 명확하게 밝히면서도 사과할 일을 만들지 않았다. 부적절하거나 성차별적인 발언을 솜씨 좋게 처리해 낼 뿐 아니라, 큰 사건으로 키우지 않고도 그러한 일들의 싹을 잘라냈다. 도카스는 끊임없이 나를 북돋웠다. 기회가 될 때마다 나를 그녀의 거래처와 일하게 하고, 클라이언트 미팅에 초대하고, 내가 창의력을 발휘하도록 격려했다. 무엇보다 내가 애드버타이징 인코퍼레이션을 떠나 내 회사를 차리고 싶다고 말했을 때에도 그녀는 나를 해고하지 않았다. 오히려 그때 내게 꼭 필요한 것들을 챙겨주었다.

브렌트는 자신의 회사를 시작하기 위해 오닐을 떠난 직후 이혼을 결심했다. 그렇게 우리는, 필연적으로, 사귀기 시작했다. 그가 마감을 맞추기 위해 밤늦게까지 일했기 때문에 나는 그의 회사에서 많은 시간을 보냈다. 그리고 질투가 났다. 나도 내 일정을 스스로 조율하고 내 운명을 통제하고 싶었다. 누군가를 설득할 필요도, 성차별적인 동료를 상대할 필요도 없었으면 했다. 많은 고객 담당 임원들 앞에서 내 창의적인 콘셉트를 설득하느라 애쓰지 않았으면 했다. 시간이 갈수록 '바로 지금이야'라는 내면의 목소리가 커졌다. 바로 지금이 바깥세상으로 나갈 때라는 생각이 들었다.

어느 날, 마침내 용기를 내 도카스의 사무실로 향했다. 오랫동안 나를 가르치고 지켜봐 준 그녀에게 회사를 떠나겠다고 말하는 일은 정말이지 쉽지 않았다. 내 말을 들은 도카스가 벌떡 일어나 그 자리에서 나를 주차장까지 밀어붙이는 모습을 상상했다.

하지만 도카스가 "세상에, 너무 기대돼! 네가 정말 자랑스러워. 완벽한 타이밍이야"라고 말했을 때 내 귀를 의심할 수밖에 없었다. 뭐라고요? 혹시 빈정거리는 거예요? 왜요?

도카스는 내게 혼자만 알고 있으라며 애드버타이징 인코퍼레이션이 올해 말에 문을 닫을 계획이라는 말도 해주었다. 클라이언트가 너무 많이 빠져나갔고, CEO도 회사를 유지하는 데 지쳤다고 했다.

"그러니 네가 독립하면 오클라호마 천연가스를 네 거래처로 만들 수 있을 거야. 그렇게 하면 주요 거래처가 생기는 거고, 꽤 괜찮은 출발이겠지. 물론 오클라호마 천연가스와도 이야기해 봐야겠지만, 잘될 거야."

살면서 그런 엄청난 선물을 받아본 것은 그때가 처음이었다.

그날로부터 한 달이 채 지나지 않아 나는 첫 번째 사업을 시작했다. 회사 이름은 〈카피 카페〉. 25살에 기업인이 된 것이다. 카피라이터, 크리에이티브 디렉터, 고객 담당 책임자가 하나로 통합된 모델이었다. 아, 그리고 회계사, 생산 보조원, 사무장, 화장실 청소부도!

모든 도전이 정말이지 신났다. 색다른 하루하루였다. 아무도 나를 감시하지 않았고, 작업일지나 업무 변경도 더는 없었다. 내킬 때는 집에서 하루 종일 잠옷 차림으로 글을 쓸 수도 있었다! 하지만 실제로 그런 적은 없었다. 나는 매일 아침 동트기 전 눈을 떠서 오늘은 어디에 갈지 설레는 마음으로 생각했다. 그때 나는 다시는 다른 사람을 위해 일하지 않겠다고 결심했다. 평생 기업가로 살겠다고.

나는 브렌트의 회사 〈원 브랜더 크리에이티브(1 B.C.)〉 바로 옆 사무실에 입주했다. 그리고 비슷한 시기에 능력자 씨도 복도 건너편 사무실에 자기 회사를 차렸다. 옛 멤버가 뭉쳤지만, 이

번에는 각자도생이었다. 창조적인 괴짜들을 위한 완벽한 구조랄까. 우리는 함께 모여 브레인스토밍을 한 다음, 각자의 사무실로 돌아가 클라이언트를 위해 글을 쓰고 디자인을 했다.

시간이 흐르면서 나는 그토록 화려하고 눈부신 광고라는 일이 겁쟁이에게는 어울리지 않는다는 사실을 깨달았다. 클라이언트는 변덕스럽고, 한 해의 성공과 실패는 오직 클라이언트에 달려 있었다. 큰 회사에선 크리에이터들과 AE(고객 담당 책임자)들 사이에 논쟁이 끊이지 않는다. 크리에이터들은 AE를 영업에만 신경 쓸 뿐 창조력이라고는 찾을 수 없는 사람들이라고 생각한다. AE들은 크리에이터를 온실 속 화초, 괴짜, 또는 그럴싸한 광고를 만들어 자아실현 하는 데만 관심 있는 예술가 타입이라고 생각한다.

에이전시에서 일하는 동안 나는 많은 것을 보고 들었다. 크리에이터들은 서로의 아이디어를 훔치고, 후배 AE들은 선배 AE에게 잘 보이기 위해 서로를 배신했다. 에이전시는 클라이언트를 대놓고 갖고 놀았다. 시간을 부풀리고, 쓰지도 않은 비용을 청구하고, 하청업체를 쥐어짰다. 만인 대 만인의 투쟁. 80년대에서 90년대로 넘어가면서 업계가 점점 어려워지자 클라이언트는 더 많은 데이터와 조사를 원했고, 광고업계는 더 정치적으로 변해갔다.

브렌트도 나도 광고 에이전시 생활에는 맞지 않았다. 우리 둘 다 광고가 좋아서 업계에 뛰어든 사람들이었다. 말, 활자, 사진을 사용해 누군가를 멈춰 세우고, 관심을 끌고, 웃게 하는 일. 그 결과로 그들의 근본적인 문제를 해결하도록 돕는 일. 우리는 훌륭한 광고가 사람들의 삶을 더 낫게 만들 수 있다는 사실을 알고 있었다.

우리는 끊임없이 그런 순간들을 추구하며 살았다.

늦은 밤이면 우리는 일에 대해 불안감으로 고민했다. 따로든 함께든 우리가 이 사업으로 충분한 안정성을 이룰 수 있을까? 다음 광고, 다음 거래처, 다음 클라이언트를 잡기 위한 잔인한 전쟁터에 영영 갇히는 건 아닐까?

누군가 광고 에이전시 크리에이터들의 삶을 루니툰 만화에 비유한 적이 있다. 우리는 만화 속 교활한 코요테다. 모루*는 내가 앞둔 광고 프로젝트이자 마감일이며, 항상 머리 위에 매달려 나를 넘어뜨리고 짓밟기만을 기다리고 있다. 그럼에도 불구하고, 추격전에는 스릴이 넘친다. 머릿속에 있는 천 개의 아이디어 중 딱 맞는 아이디어를 찾기 위해 고군분투하고, 동료와 고객으로부터 피드백을 받아 메시지를 더욱 강력하게 만드는 연료로 사용하면서 꾸준히 개선해 나간다. 그리고 그 아이디어가 제대로 안착하고, 누군가를 웃게 하거나 깊이 감동시키고, 그들의 삶을 개선하는 해결책이 되면 기쁨이 밀려온다.

나는 모든 크리에이터들이 저마다 자신의 모루와 씨름하고

---

* 대장간에서 쇠를 올려놓고 두드릴 때 받침으로 쓰는 쇳덩이.

있다고 믿는다. 여정을 헤쳐 나가는 동안, 여러분은 그에 수반되는 긴장을 존중하고 심지어 감사하는 마음을 배울 것이다. 여러분은 자신의 아이디어를 밀고 나가는 법을 배울 것이다. 피드백을 실패가 아니라 기회로 여기는 법을 배울 것이며, 자신을 관찰하고 신뢰하는 법을 배울 것이다. 자신의 진짜 목소리에 점점 가까워질 것이다.

chapter 7

씨앗

　1994년, 브렌트와 나는 4년간의 연애 끝에 결혼했다. 하지만 우리가 "정착했다"고 말할 수는 없었다.

　살림을 합쳤으니 이제 사업을 합칠 때라고 생각했다. 그렇게 하면 일이 더 간단해질 것이고, 절세 효과도 누릴 수 있을 것이었다. 때마침, 그동안 광고라고 불렸던 산업을 대체할 만한 새로운 신조어가 등장하기 시작했다는 사실도 사업을 합쳐야겠다는 생각에 한몫했다. 그 멋진 신조어는 바로 '브랜딩'이었다.

　브렌트와 나는 브랜더(Brander)*라는 우리 성을 가지고 농담을 하곤 했다. 우리는 목축업을 하거나 광고업(브랜딩)을 할 운명이라고. 하지만 우리 둘 다 뜨거운 쇳덩이를 동물에게 들이댈 용기는 없었다.

　내 회사인 〈카피 카페〉와 브렌트의 회사인 〈원 브랜더 크리에

---

*brand : 상표, 낙인을 찍다. brander : (동물에게) 낙인 찍는 일을 하는 사람.

1994년 10월. 브렌트 브랜더의 아내가 되다.

이티브〉를 합쳐서 우리는 〈브랜더스 크리에이티브 카페〉라는 이름으로 새 문을 열었다. 정말 똑똑한 이름 아닌가? 한 가지 문제라면, 법인을 신고할 때부터 국세청이 우리 회사를 카페로 알았다는 점이다. 국세청에서는 왜 매달 팁 수입을 신고하지 않았는지 묻는 편지를 보내왔다. 결국 얼마 지나지 않아 우리는 〈브랜더스 주식회사〉라는 축약된 이름으로 정착했다.

우리의 사업을 합쳐 〈브랜더스 주식회사〉로 리브랜딩을 하고 나니 새로운 클라이언트들이 몰려들었다. 사람들은 러브스토리를 좋아한다. 클라이언트들은 젊은 부부 크리에이터 팀에 흥미를 느꼈고, 그 덕분에 우리는 각자의 창의력을 발휘하며 명성을 얻고 성과를 냈다.

첫 번째 움직임. 나를 믿고 시작하기

하지만 우리가 만들고 싶은 에이전시는 어떤 모습인가를 이야기할 때 우리는 늘 같은 두려움에 맞닥뜨렸다. 회사가 너무 커진 나머지 막상 아무 글도 못 쓰거나 디자인하지 못하고 그저 관리자에 머물게 되면 어쩌나 하는 두려움이었다. 전에 일하던 에이전시 시절을 떠올렸다. 클라이언트 미팅 때 어떻게 싸웠는지, 클라이언트 조사부터 콘셉트 설정, 실행까지 모든 과정을 손에 쥐고 이끌어 나가는 일이 얼마나 즐거웠는지 생각했다.

그래서 우리는 서로에게 약속했다. 브랜더스 주식회사는 절대 규모를 키우지 말자고. 적어도 전통적인 의미에서의 거대 기업은 되지 않겠다는 의미였다. 우리는 브레인스토밍하기 좋은 곳에 새로운 사무실을 얻었다. 클라이언트에게 적절한 정보를 제공하기에 더 나은 곳이었다. 그리고 접수원 겸 관리자 한 명을 제외하고는 직원을 두지는 않을 생각이었다. 우리는 처음, 중간, 끝이 모두 창조력에 집중된 크리에이티브 디렉터가 될 것이었다.

우리는 또한 사생활을 등한시하지 않았다. 결혼하고 몇 달 뒤에 나는 아들 샘을 임신했고, 그로부터 16개월 후 딸 세실리를 임신했다. 그리고 3년 후, 둘째 딸 맬로리를 임신했다. 아이들을 키우던 초반에 뜨개에 대한 열정이 되살아났다. 태어날 새끼를 위해 둥지를 마련하는 심정이었는지도 모른다. 어쩌면 진정시켜야 했던 것은 나의 불안감이었을까. 그래서 빨리 완성해 즉각적인 성취감을 주는 무언가가 필요했는지도 모른다. 코잡기로 시작해 코막음으로 끝나는, 작고 사랑스러운 무언가를 만들고 싶은 욕구였는지도. 그렇게 샘을 임신하고 세실리를 출산할 때까지 정신없이 지냈던 3년 동안, 나는 어느 때보다 많은 스웨터를 뜨기 시작했고 완성해 냈다.

심지어 진통 중에도 뜨개를 했다. 실제로 나는 세실리를 낳기 위해 진통을 겪었던 24시간이 넘는 시간 동안 세실리에게 입힐 스웨터를 떴다. 시간을 보내기 위한 일치고는 엄청난 것이었다! 브렌트는 지금도 출산하는 동안 라마즈 호흡이나 나를 진정시키기 위한 노력들(이를테면 냉수에 적신 수건으로 얼굴을 닦아 준다거

세 아이를 위해 뜬 스웨터.

나, 어깨를 주무르고 발을 문지르는 일 등)이 얼마나 쓸모없는 일이었는지 이야기한다. 매 출산 때마다 나는 있는 힘껏 힘을 주며 뜨개바늘을 향해 손을 뻗었다.

바늘의 반복적인 움직임과 섬유의 촉각은 내게 명상과도 같았다. 자궁이 충분히 열리고 하반신 마취 효과가 거의 사라져갈 무렵, 드디어 4.76킬로그램의 세실리가 반짝하고 모습을 드러냈고, 자궁 밖으로 잘 나올 수 있도록 아기의 몸을 수동으로 돌려줄 필요가 있었다. 아무리 뜨개가 힐링이어도 그 10분을 버티기에는 역부족이었다.

얼마 전, 그때 뜬 작은 스웨터를 꺼내 보고서야 얼마나 엉성하게 떴는지를 알았다. 당시에는 배색할 때 실을 걸치는 방법, 인타르시아나 케이블 무늬에 관해 가르쳐 줄 사람이 아무도 없었다. 래벌리(Ravelry)도, 유튜브도, 니트 스타즈(Knit Stars)도 없던 시절이었다. 하지만 내게는 크리스티라는 친구가 있었다. 크리스티도 아기 스웨터 만들기에 푹 빠져있었는데, 그녀는 나보다 뜨개를 더 잘했고 손이 번개처럼 빨랐다.

크리스티의 어머니인 바비는 뜨개가 막힐 때마다 최고 권위자가 되어 우리를 도와주었다. 바비는 우리 엄마의 가장 친한 친구이기도 해서, 나는 어릴 때 그 집에서 많은 시간을 보냈다. 내게는 두 번째 엄마 같은 존재였다. 나는 늘 몇 코를 빠뜨리고는 했지만, 밤 10시에 바비에게 전화를 걸고 싶지는 않았다. 더구나 대개는 전화로 해결할 수 없었기 때문에(그때는 페이스타임도 없었다) 직접 방문해야 했다. 하지만 엄청난 민폐를 끼치는 것처럼 느껴져서 보통은 할 수 있는 한 최선을 다해 실수를 수습해 보려고 했다.

도안 없이 '손 가는 대로 뜨개법'은 특히 신생아 스웨터를 만들 때 거부하기 어렵다. 판매하는 스웨터 중에 가끔 "삐뚤빼뚤한 건 핸드메이드의 매력이죠"라는 태그가 붙어있는 것이 있는데, 내가 뜬 스웨터가 꼭 그랬다. 스웨터의 각 부분을 내가 직접, 손 가는 대로 떴다는 사실을 부정할 수는 없다.

나는 여전히 배울 게 많고 개선해야 할 것도 많다는 걸 알고 있었다. 인내심을 가지고 지도해줄 누군가가 필요했다. 하지만 주목받기 시작한 브랜딩 사업체를 이끄는 두 아이의 엄마였던 내게 뜨개 공방을 둘러볼 여유는 없었다. 그렇다고 실과 바늘을 멀리할 수도 없었다.

아무리 구식이어도, 아무리 어수선해도 모든 뜨개 공방에는 마법 같은 무언가가 있다. 색감들의 폭발, 거부할 수 없는 실의 촉감, 두 개의 바늘이 허공에서 부딪히며 탄생하는 편물들. 도안을 따라 뜨면서 창조적 가능성을 시험하고, 실을 합사하고, 세상에 하나밖에 없는 옷을 만들어내는 일은 진정으로 독창적인 일이다.

내가 알기로 2000년대 초반에 오클라호마주 털사에는 실 가게가 딱 하나 있었다. 니들워크 크리에이션이라는 곳이었는데, 다른 대형 체인점과 비교했을 때 그곳은 낙원이었다. 뽀득해서 바늘이 잘 나가지 않는 아크릴 실로 가득 채운 통로 대신에, 이 매력적인 작은 실 가게의 통로에는 천연 섬유, 프랑스산 양모, 페루산 알파카, 심지어 장인들이 손으로 염색한 실타래를 모아 놓은 작은 코너도 있었다.

무엇보다 좋았던 것은 내가 잘못 뜨거나 코를 빠뜨려도 이곳의 멋진 숙녀들에게 도움을 받을 수 있다는 사실이었다. 엉망진창으로 뒤엉킨 내 뜨갯거리를 들고 민망한 듯 가게 안으로 들어가면, 잔이라는 이름의 우아한 주인과 젊은 직원 중 한 명(그녀의 이름도 잔이었다)이 나를 보고 친절하게 웃으며 테이블로 안내했다. 그러고는 아무리 괴상하게 떴더라도 끈기 있게 가르쳐주며 내 실수를 고칠 수 있게 해주었다. 내게는 거의 계시와 다름없었다.

나를 멀뚱멀뚱 바라보기만 하던 대형 체인점과 달리 이곳에 있는 두 명의 잔은 시간을 내어, 마치 물고기를 쥐어주는 것이 아니라 낚시하는 법을 가르쳐주듯 나를 안내했다. 나는 코의 구조를 이해하기 시작했고, 각각의 코가 오른쪽과 왼쪽, 위와 아래로 서로 어떻게 연결되어 있는지를 배웠다.

내가 알게 된 첫 번째 유명 니트 디자이너인 데비 블리스 (Debbie Bliss)와 그녀의 세련된 아기 스웨터 패턴에 푹 빠진 나는 니들워크 크리에이션의 주인 잔에게 데비 블리스 실을 특별 주문해 달라고 부탁하고는 했다. 도안에서 사용한 것과 똑같은 색상의 실을 구하고 싶었는데, 열 가지 색으로 이루어진 면사였다. 잔은 불평하지 않고 주문을 받아주었다.

  이렇게 몇 번의 주문을 한 뒤에야 나는 진실을 알게 되었다. 공방에서 실을 구입하는 방식에 관해 잔이 친절하고 정중하게 설명해 주었기 때문이다. 그동안 잔은 같은 색 실이 10볼씩 들어있는 팩 단위로 실을 구입해 내게 각 팩에서 한 볼씩 판매한 뒤, 나머지 90볼의 실을 재고로 쌓아두고 있었던 것이다. 나는 경악했다. 사정을 모르고 무턱대고 주문한 것을 만회하기 위해 나는 재고로 남은 잔의 실들을 사기로 했다.

  잔이 아주 친절하고 상냥하게 내게 가르쳐준 교훈은 이것이었다. 소비자로서의 우리는, 우리의 선택이 소상공인에게 미치는 영향에 대해 잠시나마 생각할 겨를도 없이 각자의 니즈를 근시안적으로 보기 쉽다는 사실. 서비스 산업에서 일하는 것은 쉽지 않다. 웨이터나 웨이트리스로 일해본 경험이 있으면 팁을 잘 주게 된다. 판매업에 종사해 본 경험이 있으면 판매원들에게 미소를 지으며 인내심을 가지게 된다. 그리고 사업을 시작하면 재고 구매와 판매, 고용과 해고, 해 뜨기 전에 출근해 퇴근해서도 잠 못 이루며 고민하는 시간들까지, 이 모든 것을 전부 해내야 한다. 하지만 사람이란 실제로 해보기 전까지는 자신이 무엇을 모르는지조차 모르는 존재다.

  니들워크 크리에이션과 두 명의 잔 덕분에 당시 내 뜨개는 방향을 잘 잡아가고 있었다. 아이들 축구 연습장에서, 병원 대기실에서, 가족들이 일어나기 전 이른 아침에 나는 늘 뜨개를 했다.

뜨개는 나에게 있어 치유이자 영혼이며 탈출구였다. 크리스마스에는 직접 뜬 스카프와 모자를 가족과 친구들에게 선물했다.

여느 때처럼 니들워크 크리에이션에 들렀던 어느 날, 잔이 나를 불렀다.

"조금 슬픈 소식이 있어요. 가게 문을 닫게 됐어요."

내 뜨개 생명 유지 장치의 플러그가 뽑힌 기분이었다.

"뭐라고요?"

나는 숨이 멎은 듯 되물었다.

"남편이 은퇴 예정인데, 항상 그리스에서 살고 싶어 했거든요. 그래서 한번 가보려고요."

"안 돼요! 그러면 안 돼요!"

나는 불쑥 이렇게 말하고는 정신을 차렸다.

"그러니까 제 말은… 그리스로 떠나게 된 건 정말 축하드려요. 하지만… 실을 사야 하거나 뜨개를 하다 모르는 게 생기면 저는 이제 어디로 가야 할지 모르겠어요."

나는 가슴속에서 공포심이 올라오는 걸 느꼈다. 이제 어떻게 하지? 잔이 손을 뻗어 내 손을 잡았다.

"셸리, 당신은 아직 젊고 활력 넘치는 사람이잖아요. 공방을 직접 해봐요."

나는 큰 소리로 웃었다. 그건 어려울 것 같았다. 하지만 그녀는 무척 진지했고, 어쩌면 내 반응에 그녀가 상처를 받았을 수도 있겠다 싶었다. 나는 횡설수설하며 말을 이었다.

"친절한 말씀 고마워요. 하지만 전 못해요."

솔직히 나는 잔의 제안에 충격을 받은 상태로 대답을 이어가고 있었다.

"네 살도 안 된 아이가 둘이나 있어요. 남편과 브랜딩 사업을 하느라 관리해야 하는 클라이언트도 많은데 뜨개 공방까지 하는 건 말이 안 돼요. 다섯 살도 안 된 아이가 셋이나 있다고요. 1초도 못 쉬고 일하느라 잠도 거의 못 자요. 물론 제가 공방을 한다면 너무 좋겠지만 그럴 방법이 없어요. 좋은 생각이지만 다른 사람을 위해 행운을 빌어주는 게 낫겠어요."

잔은 미소를 지으며 말했다.

"그냥 한번 생각해 봐요."

나는 미소 지으며 그녀를 안았다. 그녀가 내게 건넸던 수많은 도움에 감사하며 그리스에서 좋은 일만 있기를 빌었다. 그 순간, 내 마음 한구석에 씨앗이 심어졌다.

니들워크 크리에이션이 문을 닫고 얼마 동안 나는 집에 쌓아둔 실로 혼자 뜨개를 하는 생활로 돌아갔다. 하지만 바늘을 움직일 때마다 뜨개 공방을 운영하는 꿈이 떠오르며 점점 부풀어 오르는 것을 막을 방법은 없었다.

뜨개 공방을 한다면 어떨까? 더는 케이블 TV나 피자, 카지노 같은 클라이언트의 제품을 팔기 위해 글을 쓸 필요가 없다. 더는 다른 사람이 정한 마감에 얽매이지 않을 수 있다. 나의 브랜드를 만들고 내가 나의 클라이언트가 되면, 내가 쓴 문장을 다른 사람이 고칠 일도, 승낙을 받을 일도 없다. 조금은 이상하고 결코 거대하다고는 할 수 없는 내 열정에 완전히 빠져들 수 있고, 다른 사람에게 뜨개의 즐거움을 알려줄 수도 있다. 지금까지와는 다른 무언가를 만들 수 있다. 세상이 필요로 하는 것, 그러니까 조금 더 모던한 실 가게 브랜드를 만들 수 있다. 어쩌면 아이들에게 물려줄 수도 있지 않을까. 취미가 직업이 된다는 것은 얼마나 놀라운 일인지! 그러다 이내 생각을 멈추었다. 말도 안 돼. 소매업에 대해서는 아무것도 모르잖아. 재고에 대해서도 그렇고. 어디서부터 시작해야 하는데?

니들워크 크리에이션이 문을 닫은 후 얼마 지나지 않아 갖고 있던 실이 바닥나기 시작했다. 나는 새 프로젝트를 뜨고 싶어 안달이 난 상태였다. 그러다 루이스 지역에 고급 자수전문점이 새로 생겼다는 소식을 친구에게 들었다. 그곳에서 뜨개 수업도 열린다고 했다.

당장 가고 싶은 욕구를 간신히 참았다가 바로 다음 날, 아이들을 유치원에서 픽업한 뒤에 새로 생긴 자수전문점에 가보기로 했다. 그러니까 세 아이를 데리고 가겠다는 계획이었다. 그래도 공예품점이니 아이들을 싫어하지는 않으리라 생각했다. 자상한 할머니들이 운영하는 그런 곳일 거라고.

내 생각은 완전히 빗나갔다.

자수전문점으로 걸어가 문 옆에 있는 벨을 누르니 안쪽에서 작게 들썩이는 소리가 들렸다. 하지만 카운터에는 아무도 없었고 맞이하는 사람도 없었다. 나는 샘의 손을 잡은 채 맬로리의 유모차를 끌고 문을 통과하려고 낑낑거렸다. 가까스로 문을 통과한 뒤에야 유모차에서 손을 떼고 실로 가득한 진열장을 올려다볼 수 있었다. 얼굴에 큰 미소가 지어지는 것이 느껴졌다. 가게 한가운데에 놓인 테이블이 눈에 들어오기 전까지는.

네 명의 여성들이 뜨개를 하던 손을 멈추고 테이블에 앉아 나를 응시하고 있었다. 세상에서 가장 길고 어색한 침묵이 흐른 뒤, 누가 봐도 여왕벌로 보이는 한 여성이 내 아이들을 의미심장한 눈길로 오래 쳐다보았다. 마치 한 명 한 명 평가하듯이. 기대했던 따뜻한 온기라고는 찾아볼 수 없었다.

여왕벌은 마치 어린아이를 대하듯 내게 천천히 말했다.

"뭐 도와줘요?"

실제로는 나를 돕고 싶은 욕구가 전혀 없다는 사실을 여실히 드러내는, 독특하면서도 어딘지 꾸민 듯한 말투였다. 미소가 싹 가시면서 내 희망도 물거품이 되는 것을 느꼈다.

"아, 네. 새 가게가 생겼다는 말을 듣고 너무 궁금해서 와 봤어요. 실도 판다고 해서요. 이 실 참… 참 예쁘네요."

다른 여성 중 한 명이라도 제발 내 말을 받아주면 좋겠다고 생각하며 어렵게 말을 이었다. 여왕벌은 테이블에 앉은 동료들을 힐끗 쳐다보고는 회의적인 말투로 말했다.

"아, 뜨개 하시나 봐요?"

다른 여자들이 서로를 바라보며 피식 웃었다. 나는 점점 방어적으로 되어가는 걸 느꼈다.

"네. 맞아요. 저는 열여섯 살 때부터 뜨개를 했어요."

여왕벌은 여전히 테이블에서 일어날 생각이 없어 보였다.

"그렇구나. 그럼 한번 둘러보세요. 하지만 아이들을 잘 보셔야 해요. 우리는 원래 아이들은 들이지 않거든요."

아… 알겠어요.

나는 수치심에 얼굴이 빨갛게 달아오르는 것을 느꼈다. 당장 문을 열고 나가고 싶었다. 하지만 나와 같은 처지의 다른 젊은 엄마들을 생각해 최대한 오래 둘러보기로 결심했다. 실을 살펴보니 대부분이 고가인 데다 스카프용 실이 많았다. 당시에는 날개사나 퍼 같은 팬시얀이 인기가 많을 때였다. 나는 스웨터에 더 관심이 있었지만, 그곳에 있는 실은 대부분 스웨터를 뜨기에는 따가운 울이었고, 양도 충분하지 않았다.

몇 가지 도안집과 책을 훑어봤지만 인상적인 것은 없었다. 대부분 어두운색 깃털사 스카프를 두른 나이 든 여성이 모델인 질 낮은 사진들이었다. 실과 무늬도 완전히 따로 놀았다. 이 가게에 다른 어떤 실이 있는지도 모르고, 대체해서 선택할 수 있는 실이 있는지 여부도 알지 못한 채 실과 무늬를 짝짓는 일은 정말이지 막막했다.

30분쯤 지났을 때 맬로리가 조금씩 훌쩍거리기 시작했다. 밥 먹을 시간이 됐다는 뜻이었다. 고개를 드니 테이블에 앉은 여자들은 여전히 나를 바라보고 있었다. 무언가 못마땅한 듯 입꼬리는 축 내려가 있었다. 나는 기분이 상한 채로 아무것도 고르지 못하고 몸을 돌려 가게를 나왔다.

문을 나서려는 순간, 벨소리와 함께 그들이 속삭이는 소리가 들렸다.

"… 아이들을 데리고 오다니 믿을 수가 없네."

"… 뜨개를 제대로 하기에는 너무 젊잖아."

"… 어이가 없네."

볼이 벌겋게 달아올랐다. 그리고 직감적으로 또 다른 불길도 타오르는 걸 느꼈다.

이런 대접을 받아도 되는 사람은 세상에 없다. 대바늘 뜨개를 하든, 코바늘 뜨개를 하든, 창조적인 일을 하는 모든 사람은 자신을 드러내고 가치를 인정받고 격려받을 자격이 있다. 육아에 지친 젊은 엄마들, 일하는 여성들, 바쁜 십 대들, 활력 넘치는 은퇴자들, 다양한 배경과 피부색과 신념을 가진 모든 이들이 뜨개를 배우고 꽃 피워 성장할 기회를 가질 자격이 있다.

그날 나는 확신했다. 세상에는 좀 더 새로운 모습의 뜨개 공방이 필요하다고. 뜨개로 벌이는 세련된 운동이랄까.

그리고 그걸 내가 시작해야겠다고 생각했다.

chapter 8

캐시미어 스카프

가게 자리로 점 찍어둔 곳은 있었다. 그 지역에서 가장 근사하고 유서 깊은 쇼핑센터인 유티카 스퀘어였다. 유티카 스퀘어는 삭스 피프스 에비뉴(Saks Fifth Avenue) 같은 고급 브랜드들이 입점해 있을 뿐 아니라, 부티크와 레스토랑이 잘 어우러진 매력적인 야외 쇼핑몰이었다. 그리고 마침 뜨개 공방에 꼭 어울리는 작은 공간이 한 군데 비어 있었다. 차를 타고 근처를 지날 때마다 나는 빈 가게 자리를 애타게 바라보고는 했다. 그 공간의 창문에는 "유티카 스퀘어에 곧 새로운 점포가 들어옵니다"라고 적힌 초록색 간판이 스퀘어를 상징하는 시계탑 그림과 함께 반짝이고 있었다.

사람들은 이렇게 말했다. 국제 석유 시추 기업인 헬메리치&페인의 억만장자 소유주 월트 헬메리치 3세가 운영하는 유티카 스퀘어에 입점하기란 낙타가 바늘구멍에 들어가는 일보다 어렵다고. 소문에 따르면 유티카 스퀘어는 월트 헬메리치가 무척 아끼는 곳이라고 했다. 당시 70대였던 그가 쇼핑몰 내의 모든 나무를 직접 돌본다는 소문도 있었고, 그와 임대차 계약을 맺으려면 헬메리치 부부에게 직접 면접을 봐야 한다는 말도 들렸다. 눈을 낮춰서 더 저렴하고 쉽게 구할 수 있는 자리를 알아보는 게 나을 거라고 조언하는 사람도 있었다.

"하지만 월트의 아내가 뜨개인이라고 들었어요!"

나는 늘 열정적으로 말했다.

"그리고 다른 곳에 제 가게를 여는 건 상상이 안 가요."

반드시 유티카 스퀘어여야 했다.

사업계획이 준비되자 나는 유티카 스퀘어 임대 사무실로 직진해 헬메리치 씨를 만나게 해달라고 당차게 요구했다. 반짝반짝한 눈빛에 희망을 가득 담고서. 안내원은 놀란 듯했지만 친절함을 잃지 않은 채 나를 바라보며 말했다.

"제안해 주신 내용을 임대 대리인 중 한 명에게 전달하겠습니다."

다음날 전화를 해 봤지만, 상황은 진척이 없었다.

"곧 연락이 갈 거예요."

며칠 후 다시 전화했지만 같은 반응이었다. 일주일 후에도 마찬가지였다.

육아와 사업으로 바쁜 나날을 보내는 와중에도 나는 임대 제안을 잊지 않았다. 전화벨이 울릴 때마다 희망에 부풀었다가 처참히 실망하는 일이 반복되기를 몇 달째. 임대 사무실에 다시 전화해 보기로 했다. 이번에는 임대업자인 제시카와 통화가 됐다.

"네, 헬메리치 씨가 당신의 제안을 검토했습니다. 굉장히 흥미로워 보이고 유티카 스퀘어에 어울릴 수도 있다고 하셨지만, 현재로서는 적합한 공간이 없네요. 몇 달 뒤에 다시 전화해 주세요."

당황한 나는 봐 두었던 그 자리에 다른 점포가 들어왔나 보다 아쉬워하며, 꿈에 그리던 그 공간을 찾아가 보았다. 하지만 그곳에는 여전히 "곧 새로운 점포가 들어옵니다"라는 간판이 걸려 있었다. 제시카가 나를 좌절시키려고 일부러 그런 건 아닐 것이다. 그저 내 사업 아이디어가 별로라고 생각했는지도. 하지만 나는 여전히 그 공간을 포기할 수 없었다.

그러는 와중에도 일상은 더욱 바빠졌다. 브랜딩 사업은 어느 때보다 바쁘게 돌아갔고, 샘과 세실리는 시누이인 케이티가 수십 년 동안 교사로 있는 언더크로프트 몬테소리 유치원에 입학했다. 맬로리는 이곳저곳을 아장아장 걸어 다녔다. 나는 여전히 뜨개를 했고, 여전히 꿈을 꾸었다. 몇 달에 한 번꼴로 제시카에게 전화를 걸어 바뀐 것이 없는지 물었다.

"저희 스퀘어에 관심 가져주셔서 감사하지만, 전해드릴 소식이 없어요. 변동이 생기면 연락드리겠습니다."

그때마다 나는 차를 몰고 내 꿈의 공간으로 가고는 했다. 여전히 "곧 새로운 점포가 들어옵니다"라는 간판이 붙어 있었다. 변화는 없었다.

2004년 추수감사절 무렵, 슬슬 한계에 다다름을 느꼈다. 브랜더스 주식회사의 성장은 정점에 달해 있었다. 일하는 시간이 하루에 10시간이었다가 12시간이 되더니, 급기야 14시간으로 늘었다. 그럴수록 마음은 피폐해졌고, 가게에 대한 꿈을 거둘 수 없었다. 다른 가게 자리도 많이 알아봤지만, 유티카 스퀘어에 대한 미련을 버릴 수 없었다. 이러지도 저러지도 못하는 상황이었다. 나는 결정적 한 수를 던지기로 했다. 마지막 기회라는 심정으로. 그래도 효과가 없다면 다음 단계로 넘어가는 수밖에 없다고 생각하며.

뉴욕에서 본 어느 책을 통해 알게 된 실 가게에서 100% 캐시미어실을 주문했다. 아름답고 클래식한 회색 실이었다. 크리스마스를 앞둔 어느 날 실이 도착했다. 나는 대담하고 화려한 무늬의 케이블이 들어간 스카프를 떴다. 석유 기업을 운영하는 억만장자에게 어울릴 법한 스카프였다. 완성한 스카프를 천천히, 아름답게, 그리고 완벽하게 포장했다. 수소문해 알아보니 헬메리치 부부는 유티카 스퀘어 근처 고층 콘도의 펜트하우스 스위트룸에 산다고 했다.

스토커 같은 느낌이 없잖아 있었지만, 마지막이라는 심정으로 열정을 불태워 보기로 결심한 나는 헬메리치 씨에게 보낼 편지를 타이핑했다. 짧지만 핵심을 담은 편지였다. 세상에는 더 나은 실 가게가, 저렴한 실부터 100% 캐시미어실까지 모든 실을 만날 수 있는 세련되고 영감으로 가득한 실 가게가 필요하다고. 그게 바로 루프(Loops)라고. 그리고 루프는 반드시 유티카 스퀘어에 있어야 한다고. 멋들어지게 서명을 한 뒤 고이 접어 봉인하고 잘 포장했다.

그날은 크리스마스이브였다. 계절의 경이로움과 함께 희망에 가득 찬 나는 헬메리치 씨가 산다고 알려진 콘도로 차를 몰았다. 그러고는 경비원을 향해 뚜벅뚜벅 걸어가 아름다운 소포를 건넸다. 개인적인 선물이라고 설명한 뒤, 헬메리치 씨에게 꼭 전달해 줄 수 있는지 물었다. 그는 즐거운 표정으로 미소를 지으며 그렇게 하겠다고 약속했다. 떠나려고 몸을 돌렸을 때, 나는 할 수 있는 거 다 했다는 생각에 마음이 편안해졌다. 이제부터 무슨 일이 일어나든 그건 내 손을 떠난 것이다.

그리고 2005년 새해 다음 날, 전화벨이 울렸다. 제시카였다.

"좋은 소식이 있어요. 헬메리치 씨가 당신에게 유티카 스퀘어의 임대를 제안하게 되어 기쁘다고 하십니다."

그 캐시미어 스카프는 그 후 다른 도전에 직면할 때마다 내게 중요한 교훈을 주었다. 마음속에서 간절함이 느껴진다면, 당신 마음속 작은 목소리가 속삭이는 걸 멈추지 않는다면 아무리 엉뚱한 일이라 해도, 사람들이 아무리 말려도 앞으로 나아가기를 주저하지 말기를. 당신이 깨어있는 삶을 살게 될 첫 번째 날이 될 테니까. 부디 멈추지 말기를. 여러분의 힘, 즉 창의력을 활용하고 움직이기를. 당신만의 캐시미어 스카프를 만들어 기회를 놓치지 말기를. 이런 노력은 언제고 빛을 발할 것이니.

그때 그 임대 계약을 따내지 못했다 하더라도, 내가 할 수 있는 모든 노력을 다했다는 사실을 나는 안다. 세상에 조금이나마 따뜻함과 친절을 베풀기 위해 최선의 노력을 쏟았다는 사실을 말이다. 그랬기 때문에 비로소 나는 다음 단계로 움직일 수 있었다.

chapter 9

친절한 뜨개 공방

루프의 개점일이 코앞으로 다가오면서, 내 첫 직원인 엠마와 나는 고심 끝에 처음으로 무역 박람회에 참가하기로 했다. 그해에 오하이오주 콜럼버스에서 전미 니들아트 협회가 주관하는 쇼가 열릴 예정이었기 때문이다.

우리 둘 다 그런 쇼는 처음이라 가서 무엇을 보고 느껴야 하는지조차 잘 몰랐다. 그저 무모한 욕심에 말도 안 되게 빡빡한 일정표를 짰다. 첫날에는 신시내티까지 비행기를 타고 간 뒤, 그곳에서 차를 렌트해 콜럼버스까지 가기로 했다. 둘째 날에는 쇼를 둘러보며 실 쇼핑을 하고, 셋째 날에는 다시 차와 비행기를 타고 돌아오는 일정이었다.

무역 박람회 첫날 아침은 결코 잊지 못할 것이다. 엠마와 나는 아침 일찍 박람회장 문 앞에서 대기했다. 차츰 사람들이 모여들기 시작했는데, 주위를 둘러보고 나서야 나만 다른 세계에서 온 사람처럼 보이겠구나 싶었다. 주위에 있는 사람들은 하나같이 나보다 두 배는 나이가 들어 보였고, 머리부터 발끝까지 엄청나게 화려한 뜨개템을 겹겹이 두르고 있었다. 저 많은 것들을 뜨느라 얼마나 오래 걸렸을까 곰곰이 생각하고 있는데 어디선가 외치는 소리가 들려 생각에서 벗어났다.

"내 시계는 벌써 9시가 됐어요. 문 열어요!"

근처에 있던 참석자 중 한 명이 소리쳤다.

"맞아요! 뭘 이렇게 꾸물거려?!"

"모두들 들어갑시다!"

군중이 앞을 향해 밀고 나갔다. 섬유 마니아들의 광적인 콘서트장에 온 것 같았다. 엠마와 나는 서로를 바라보았다. 엠마도 겁을 먹은 것 같았다. 우리가 대체 어디에 신청을 한 거지? 그때 내 머릿속에 떠오른 생각은 이거였다.

'까칠한 사람이 그때 만난 여왕벌만은 아닌가 봐! 만약 실 가게 주인들이 대부분 이런 사람들이라면? 오히려 기회가 될 수도 있겠는데.'

마케팅 용어 중에 USP(unique selling point)라는 말이 있다. "고유의 판매 강점"이라고 번역되는 이 단어는, 경쟁업체와 비교해 자사를 돋보이게 해주는 고유한 이점을 드러내는 방식을 말한다. 무역 박람회장에서 나는 별안간 루프의 USP가 무엇인지 발견했다. 바로 친절한 뜨개 공방이었다.

서로 응원하고 북돋기보다는 경쟁할 생각만 하는 심술궂은 여자들이 지배하는 것처럼 보이는 뜨개 업계, 고객을 존중하느니 차라리 뜨개의 전문성을 내세우려는 사람들. 나는 그들과 달리 친절할 수 있다. 협력할 수 있고 사람들을 연결할 수 있다. 서비스 정신으로 고객을 대할 수 있다. 그리고 그런 방식으로 다른 업체와 구별되어 돋보일 수 있을 것이다.

생각에 잠겨 있으니 갑자기 박람회장의 문이 열렸다. 엠마와 나는 밀려드는 군중 틈에 벌레처럼 눌린 채 안으로 들어갔다. 문 안으로 진입한 뒤 사람들이 흩어지기 시작하자 우리 앞에 온갖 종류의 가능성이 펼쳐졌다. 부스마다 아름다운 실과 뜨개 완성작이 전시되어 있었다.

우리는 세계에서 가장 큰 사탕 가게에 온 아이처럼 잔뜩 신이 나서 박람회장 이곳저곳을 둘러보았다. 완전히 압도당해 그저 훑어보는 것 말고는 할 수 있는 게 없을 정도였다.

판매업자들은 우리가 달고 있는 "NEW BUYER"라고 적힌 배지를 놓치지 않았다. 아마도 갓 도축한 신선한 고기처럼 보였을 것이다! 주문장을 얼마나 빨리 썼는지 손목이 아플 정도였다. 식사도, 물 마시는 것도 잊은 채였다. 엠마는 에스프레소를 서너 잔쯤 마신 것 같았다. 그리고 마침내 오늘의 쇼가 폐막한다는 공지가 스피커를 통해 울렸다. 마치 텔레비전에서 오늘 방송 종료를 알리는 안내음 같았다.

완전히 에너지가 고갈되어 피폐한 상태로 호텔에 돌아와 밤새 쓰러져 잤다. 화려한 실과 화려한 스웨터, 땡땡땡 울려대는 금전 등록기가 나오는 꿈을 꿨다. 첫 박람회 참가는 힘들었지만 분명 가치가 있는 일이었다. 적지 않은 실을 주문했다. 그리고 나만의 USP를 찾았다.

chapter 10

블루오션을 향해

우리는 2005년 6월 16일에 루프 1호점을 열었다. 그날은 마침 엠마의 생일이었고, 개점식은 소박했다. 첫날 우리 가게를 방문한 손님의 수는 손에 꼽을 만큼 적었지만 괜찮았다. 발 디딜 틈도 없이 북적일 거라는 기대는 애초에 하지 않았으니까. 가게를 방문한 손님들의 반응을 보니 진열된 실과 우리의 브랜드, 그러니까 글자와 그림이 적절히 어우러진 "Loops blue"라는 간판 디자인에 감탄하고 있었다.

"세상에, 나 지금 실 천국에 온 거야?"

"이거 체인점인가? 모든 게 아주 제대로인데."

"하나같이 근사하고 유익해."

"이런 가게가 있으면 좋겠다고 생각했었어."

그때까지만 해도 블루오션 전략에 대해서는 들어본 적이 없었다. 당시는 김위찬과 르네 마보안이 쓴 책 《블루오션 전략》이 출간된 지 1년쯤 지난 시점이었다. 블루오션 전략이란 새로운 수요를 창출하고 포착하는, 그러니까 경쟁 없는 시장을 개발하는 것이었다. 상어들이 일제히 기존 시장에 몰려들어 물어뜯고 싸우며 바다를 붉게 물들이는 동안, 자신의 브랜드를 차별화할 수 있는 블루오션을 향해 헤엄치라는 것이다.

루프 1호점을 만들 때, 나는 직관적으로 블루오션을 향해 헤엄치고 있었다.

내가 가본 다른 실 가게와 루프를 차별화하는 요소들은 수없이 많았다.

첫째, 앉을 곳이 많다. 커다란 단면 소파가 있었고, 작은 게임용 테이블에도 의자를 두었다. 계산대 주변에도 바 의자를 놓았고, 그 뒤쪽에는 커다란 커뮤니티 테이블이 있었다. 가볍게 들러 즐거운 시간을 보내고, 친구를 만들고, 진정한 관계를 형성할 수 있는 공간이라는 분명한 신호를 보내고 싶었다.

둘째, 실을 감을 때 필요한 와인더와 물레를 설치했다. 지난 몇 년간 가본 실 가게 방문 후기를 보면, 손님들의 가장 큰 불만 중 하나가 실을 감아주지 않는다는 점이었다. 뜨개 초보자를 위해 설명을 덧붙이자면, 실은 여러 가지 형태로 감겨 있다. 흔히 볼 수 있는 것처럼 동글납작한 볼이나 길쭉한 볼 형태로 감긴 것도 있는데, 이런 것들은 실 꼬리를 찾아서 바로 뜨개를 시작하면 된다. 하지만 사람이 직접 염색한 실들은 타래라고 불리는 형태로 판매된다. 이 실은 작업하기 전에 감는 절차가 따로 필요하다. 그렇지 않으면 쉽게 엉켜 엉망이 되기 때문이다.

타래실을 감는 데는 시간이 걸리고, 인내심이 필요할 때도 있다. 적절한 장비가 있으면 좀 쉽지만, 장비가 비싼 것도 사실이다. 그래서 많은 실 가게들이 실 감는 비용을 별도로 청구하거나 아예 실을 감아주지 않는다. 실을 감아준다 해도 그곳에서 구매한 실만 감아주는 경우가 대부분이다. (다른 곳에서 구매한 실을 감아 달라는 부탁에 실 가게 주인이 몹시 화를 냈다는 일화는 흔하다.)

하지만 나는 내 가게에 온 고객들이 만족감을 느낄 수 있도록, 할 수 있는 모든 일을 할 생각이었다. 그러니까 내 가게 문을 열고 들어온 손님이라면 그게 누구든 성공하도록 돕기 위해 내가 할 수 있는 모든 일을 할 것이다. "실과 함께하는 순간이 가장 행복해야 합니다"가 바로 나의 모토였다.

그래서 우리는 두 개의 물레와 와인더를 설치하고 어디에서 구매한 실이든 마음 놓고 감을 수 있게 했다. 행여 여왕벌의 가게에서 구매한 실이라 할지라도. (여왕벌의 가게에서 구매한 실이라면 특별히 환영합니다.)

루프 매장의 세 번째 큰 차별점은 아이들의 창의력과 상상력을 자극할 수 있는 장난감과 놀이 공간이 풍부하다는 점이다. 우리는 토마스기차 테이블, 비디오를 볼 수 있는 텔레비전, 아이들이 좋아하는 영화 컬렉션 등을 갖추었다.

놀이방을 만든 목적은 두 가지였다. 첫째, 엄마가 늦은 시간까지 일하는 동안 우리 아이들이 즐겁게 지낼 수 있도록 하자는 것. 둘째, 루프에 온 모든 부모 또는 조부모들에게 이곳은 아이들을 데려와도 될 뿐 아니라, 아이들을 환영하는 공간이라는 것을 알리는 것이다.

입소문이 퍼지기 시작했다. 시간이 지날수록 현관문의 벨이 자주 울렸다. 나의 루프 블루오션 전략은 효과가 있었다.

chapter 11

소파 커넥션

당신의 사업, 당신이 만든 제품, 당신과 함께하는 팀, 그리고 당신이 조성한 환경이 타인의 삶에 도움이 되고 있음을 실감하는 일만큼 보람된 일은 없다는 사실을 말해주고 싶다.

나는 루프 운영 초기부터 뜨개의 치유력을 익히 알고 있었다. 유티카 광장은 대형 의료센터 바로 건너편에 있었기 때문에 항암 치료를 받는 고객들이 많았는데, 그들은 케모 브레인(항암 치료의 부작용으로 겪는 인지장애)을 겪으면서 좌절하고 눈물을 흘리며 루프를 찾아오곤 했다. 그들은 긍정적인 자세와 굳은 결의로 치료에 임하며 독서나 다른 두뇌 활동을 평상시처럼 해내기 위해 많은 시간을 들였음에도, 인지력이 안개처럼 뿌옇게 변해 더는 예전처럼 집중할 수 없다는 사실을 알게 된 이들이었다.

우리는 그 고객들에게 명상의 효과를 누릴 수 있는 단순한 뜨개 도안과 아름다운 색상의 부드러운 실을 소개했다. 실의 질감과 색감이 그들의 기분을 곧바로 북돋우는 것이 느껴졌다. 며칠 뒤 그들은 하나같이 기쁨으로 빛나고는 했다. 뜨개를 즐기는 과정이 그들을 편안하게 하고, 마음을 진정시키며, 무력감을 강력하고 조용한 생산성으로 바꾸었다. 그들이 내게 감사를 표현해 올 때면 나는 큰 선물을 받는 기분이었다. 항암 치료를 무사히 마치고 일상으로 돌아가게 된 분에게는 모두 함께 축하를 해주었다.

그리고 대부분의 뜨개인이 알고 있는 사실이 한 가지 더 있다. 뜨개 공방에 놓인 소파에서는 다른 곳에서는 볼 수 없는 마법이 일어난다는 사실이다. 나이, 인종, 종교, 능력, 배경을 막론한 모든 뜨개인이 이곳에서 뜨개를 한다. 실이 그들의 손가락 사이를 미끄러지듯 통과하고 대바늘과 코바늘이 보이지 않는 유대감을 만들며 끊임없이 움직이면, 이들에게서 눈부신 빛이 뿜어져 나오는 것 같다. 이 안전하고 창의적인 공간에서 경계심은 녹아내리고 언어가 흐르기 시작한다. 편물에 대한 사랑을 공유하는 이들 사이에서 진정한 대화가 오간다. 진정한 연결고리가 생겨난다. 그렇게 편물이 만들어진다. 오직 바늘과 실이 무에서 유를 만들어낸다.

이렇게 소파 커넥션에 대해 생각하다 보면 종종 내 친구 앤지가 떠오른다.

루프 초창기에 앤지는 힘든 이혼을 겪으며 어려운 상황에 놓여 있었다. 앤지와 곧 전남편이 될 남자 사이에는 아직 십 대가 되지 않은 딸아이가 하나 있었는데, 아주 상냥하고 섬세한 아이였다. 앤지는 딸과의 대화가 쉽지 않다고 내게 털어놓았다. 특히 딸아이는 이혼에 관한 이야기가 나올 때마다 입을 다문다고 했다.

그러다 앤지는 퍼뜩 어떤 생각을 떠올렸다. 어느 날, 그녀는 무심코 딸에게 함께 뜨개를 하자고 제안했다. 앤지는 딸에게 뜨개를 가르쳐 주었고, 딸아이가 뜨개의 기본을 익히자마자 두 사람은 조용히 뜨개 리듬에 몸을 맡겼다. 그리고 마법이 일어났다. 딸아이가 앤지에게 말을 하기 시작한 것이다. 분노, 좌절, 두려움, 눈물 등 딸아이의 모든 감정이 쏟아져 나왔다. 두 사람 모두에게 힐링의 시작이었다.

앤지의 이야기가 말해주는 것은, 거의 모든 형태의 창조성에는 언젠가는 구원의 형태로 나타날 잠재력이 내포되어 있다는 사실이다. 창조성이라는 공통점을 중심으로 사람들이 모일 때, 그것이 뜨개처럼 단순해 보이는 일일지라도 깊은 유대가 형성될 수 있다. 그렇게 만들어진 안전한 공간에서 더 어렵고, 더 의미 있고, 더 중요한 대화를 할 수 있게 된다.

루프에 놓인 소파가 말을 할 수 있다면! 루프의 소파는 인종, 종교, 성소수자의 권리, 생식권, 총기규제법, 연명치료 이슈 등과 같은 다소 어려운 주제에 관해서도 서로를 존중하면서 다채로운 대화를 나눌 수 있는 공간이 된다. 이런 대화는 진정한 이해와 지속적이고 긍정적인 변화로 직결된다. 공통의 유대감, 바늘과 실 그리고 대화하고자 하는 마음으로 시작한다면, 함께 완성하게 될 편물은 그저 경이로울 것이다.

앞으로 나아갈 때 기억해야 할 것 :

창의력은 새로운 화폐다. 당신의 창의력을 절대 과소평가하지 말자. 믿고 북돋고 온전히 내 것으로 만들자! 취미를 직업으로 만들 방법을 찾게 된다면, 여러분은 꿈을 실현하는 데 한 걸음 더 가까워진 셈이다. 일은 놀이가 되고, 회의는 데이트로 변할 것이며, 심지어 가장 어려운 도전도 스릴 넘치는 장애물 코스가 될 것이다. 상상했던 것보다 훨씬 열심히 일하게 될 것이다. 늘 최선을 다하는 것이 힘들기는커녕 아주 자연스럽게 느껴질 것이다.

단계마다 창의력에 의지하자. 경영학 학위도 없고 기술 자격증도 없고 회계 지식도 부족해서 자격이 안 된다고 느껴진다면 당신의 비밀 무기를 기억하자. 당신의 창의력 말이다. 내가 임대 계약을 맺기 위해 떴던 캐시미어 스카프를 여러분도 떠보는 것이다. 온 세계가 기다려온 제품과 서비스를 함께 만들어 보자. 상어들은 그저 레드오션에 남아 싸우게 두고, 우리는 블루오션을 향해 헤엄치자.

실망은 선물이다. 거절을 당했거나 상처가 되는 피드백을 받았을 때, 여러분의 머릿속에 여전히 남아 있는 수천 개의 다른 아이디어를 잊지 말자. 수익률이나 대차대조표는 한계가 명확하지만, 여러분의 창의력은 그렇지 않다. 오랫동안 상처를 응시할 수도 있겠지만, 되도록 빨리 세발자전거라도 타고 다음 아이디어를 찾아 나서자. 지난번보다 분명 더 쉬울 테니까. 길을 떠난 뒤 언젠가 돌아봤을 때, 여러분이 지나온 점들이 어떻게 연결되어 완벽한 길을 만들었는지 정확히 볼 수 있을 것이다.

창의력을 공유하면 마법이 일어난다. 그냥 바늘과 실이 아니다. 창조의 기쁨을 함께 나누면서 사람들을 하나로 모으면 정말로 멋진 일들이 일어나기 시작한다. 대화가 활기를 띠면서 힐링이 시작되면, 여러분의 머릿속에 큰 그림이 떠오를 것이다. 창의력이 여러분을 어디로 데려갈지 열린 문틈으로 살짝 맛보았는가? 그렇다면 이제 여러분을 막을 수 있는 것은 없다.

두 번째 움직임.

계속해서
움직이기

chapter 12

이기거나 배우거나

내가 처음으로 가져본 미술 작품은 주근깨 얼굴을 한 소녀의 그림이었는데, 거기에는 이런 손글씨가 적혀 있었다. "나는 완벽하지 않을지도 몰라. 하지만 어떤 부분은 아주 훌륭해."

엄마에게 받은 귀여운 그림이었는데, 내게 이 그림을 건넬 때 엄마는 진지했고, 내게 무언가를 가르쳐주고 싶었던 것으로 기억한다. 마치 어른이 되기 위해서는 반드시 알아야 하는 문구라는 듯이. 하지만 이 말의 뜻이 완전히 와닿지는 않았다.

왜 완벽하지 않다는 거지?

엄마들은 자신의 아이가 완벽하다고 믿어야 하지 않나?

나한테 문제가 있다는 건가?

그때로부터 많은 세월이 흐른 30대 초반의 어느 날, 어릴 적 침실 벽에 걸려 있던 이 그림이 어떤 식으로 나를 괴롭혀왔는지 엄마에게 고백할 기회가 있었다. 어릴 때 내 눈에 엄마는 완벽했다고. 그래서 엄마가 이 그림을 내 방에 걸었을 때, 나는 이렇게 느꼈다고. 나는 엄마만큼 완벽할 수 없다는 말인가.

엄마는 그때 내가 얼마나 상처받기 쉬운 아이였는지 깨닫기보다 외려 짜증이 난 것 같았다. 지금은 이렇게 잘살고 있으니 당연히 행복해야 한다고 했다. 엄마가 얼마나 좋은 그림을 선택했는지 보라는 뜻인가. 엄마는 내 말을 이해하지 못한 것 같았다. 엄마를 완벽하다고 여기는 내 인식과, 나는 그렇게 완벽하지 않다는 그림 속 메시지 사이에서 나는 영원히 미아가 된 것 같았다.

그해 크리스마스에 나는 엄마에게 선물을 받았다. 예쁘게 포장된 선물이었다. 내가 포장을 뜯는 동안 엄마는 설렘을 감추지 못했다. 포장지에 둘러싸여 있던 선물은 액자에 담긴 뜨개 작품이었다. 꽃에 둘러싸인 채 클래식한 영어 서체로 "나는 완벽하지 않을지도 몰라. 하지만 어떤 부분은 아주 훌륭해"라고 적힌 그 뜨개 작품을 보자마자 나는 숨이 가빠오는 것을 느꼈다. 엄마는 무엇을 들은 걸까. 지난 몇 년 동안 이 그림 때문에 얼마나 힘들고 혼란스러웠는지 여러 번 말하지 않았나.

하지만 엄마는 내 가쁜 숨소리의 정체를 이렇게 해석한 것 같았다. '이걸 만들려고 우리 엄마가 얼마나 노력했을까.' 엄마는 이렇게 말하며 웃었다. "그거 만드느라 몇 달이나 걸렸어."

완벽은 이룰 수도 없고 바람직한 목표도 아니라는 사실을 깨닫기까지 몇십 년이 더 걸렸고, 적지 않은 치료를 받았고, 수많은 실패를 경험했다.

사실, 완벽은 발전의 장애물이다.

뜨개를 하는 사람들은 이 사실을 빨리 배운다. 첫 스카프나 첫 스웨터를 뜰 때 우리는 완벽을 추구한다. 하지만 스웨터를 이루는 수천 코를 뜨는 동안 결코 피할 수 없는 사실이 있다. 실수할 수밖에 없다는 사실 말이다. 잘못 뜬 코를 고친다고 해도 다른 부분에서 다시 실수를 할 수 있다. 행여 모든 코를 완벽하게 떴다 해도 장력이 조금씩 다를 수 있다. 그날그날 내가 느낀 스트레스의 정도나 내가 머무는 공간의 조명, 온도, 날씨에 따라 어느 부분은 코가 늘어질 수도, 어느 부분은 코가 쫀쫀할 수도 있다. 프로젝트를 하나씩 완성해 가면서 배우는 것이 있다면, 내가 뜬 것도 저마다 제각각이라는 사실을 받아들이고 포용하는 법이다. 더불어 복잡한 실수를 해결해 계속 떠나갈 수 있는 능력을 익혔다는 사실에 대한 자부심까지.

뜨개를 하면서 이러한 교훈을 얻기까지 걸린 시간은 사업을 하면서 교훈을 얻은 시간보다 훨씬 오래 걸렸지만, 그만큼 가치가 있었다.

강아지 민첩성 대회에서 여러 차례 챔피언을 거머쥔 내 친구 수잔 개럿은 자주 이렇게 말한다. "실패는 없어. 링에 오를 때마다 이기거나 배우거나 둘 중 하나야."

만약 여러분이 사업에 발을 들였다면 실패를 피할 수 없을 것이다. 안전지대 밖으로 뻗어 나갈 수밖에 없고, 그럼으로써 실패를 맛볼 것이다. 중요한 것은, 피할 수 없는 것을 어떻게 대할 것인가이다.

 실패를 최적의 기회로 받아들이는 법을 빨리 배울수록 목표를 이루는 시간도 당겨진다.

 그러니 애초에 완벽주의에 대한 환상을 접자. 실패를 향해 곧바로 나아가자. 어떤 종류의 실패든, 계속 나아가고 배우고 성장하는 방식으로 실패를 해결하자.

chapter 13

진단과 투쟁

브렌트와 결혼하고 18개월 후, 첫 아이 샘이 태어났다.

임신은 쉽지 않았다. 첫 4개월 동안에는 거의 늘 입덧을 했는데, 유일하게 할 수 있는 일은 먹는 것뿐이었다. 속이 메스꺼워 달리기를 포기해야 했고, 물에서 나는 염소 냄새가 역해서 수상 에어로빅도 할 수 없었다.

운동으로 엔돌핀을 끌어올리는 일이 어려워지면서 호르몬 수치가 치솟았고, 불안감도 덩달아 솟구쳤다. 체중은 27킬로그램이나 늘었다.

출산도 유난히 힘들었다. 예정일이 일주일쯤 지났을 때, 아기가 너무 크다는 말을 듣고 유도 분만을 하기로 했다. 바로 그날 아침, 펑 소리에 잠에서 깼다. 아니나 다를까, 양수가 터진 것이었다! 그 후로도 상황은 여전히 천천히 진행됐고, 샘이 세상 밖으로 나오기까지는 24시간이 넘게 걸렸다.

드디어 아이가 태어났다!

간호사들이 30분마다 샘을 데려와 보여주었는데, 아이는 거의 매번 신경질적으로 울었다. 샘이 우는 소리는 묘하게 달콤했고, 우리는 곧 "아기양 새미"라고 불렀다. 샘이 우는 소리가 꼭 양이 우는 소리처럼 들렸기 때문이다.

수유를 마친 뒤 간호사가 샘을 데려가면 나는 곧바로 잠에 빠져들었고, 다시 시간이 되면 간호사들이 샘을 데려왔다.

"아까 젖 먹였는데요."

지친 나머지 이렇게 항의하면 간호사들은 계속해서 물었다.

"알아요. 하지만 울음을 멈추지 않잖아요. 아이가 모유를 충분히 먹고 있는 게 맞아요?"

수유 컨설턴트가 와서 내가 많은 양의 모유를 생산하고 있고,

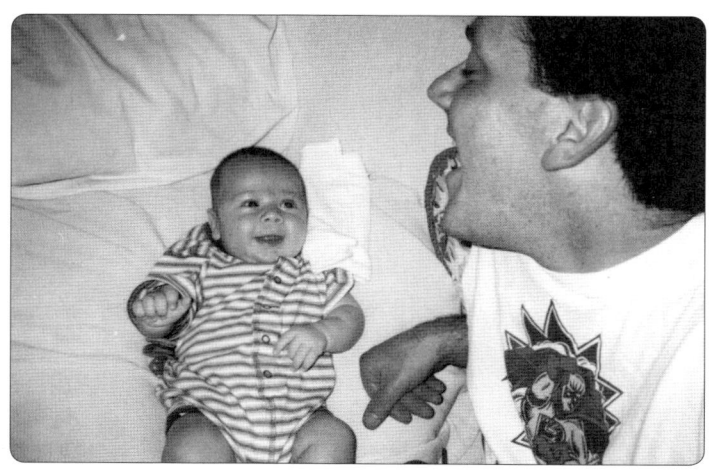

첫 아이 샘과 놀아주고 있는 남편 브렌트.

샘 역시 충분히 먹고 있다는 사실을 확인한 뒤에야 그들은 농담을 했다.

"다 정리하고 세상 밖으로 나오느라 배가 얼마나 고팠겠어요!"

나는 웃지 않았다.

퇴원해 집으로 돌아갈 시간이 왔다. 브렌트와 내가 둘 다 생생하게 기억하는 건 샘을 카시트에 앉히려 애를 먹었던 순간이다. 샘은 비명에 가까운 울음을 멈추지 않았다. 남편과 나는 서로를 바라보며 똑같은 생각을 했다. 우린 아직 준비가 덜 됐어.

얼마나 준비가 안 됐는지 우리는 정확히 알고 있었다. 집에 온 뒤에도 샘은 계속해서 울어댔다. 우리는 샘을 껴안은 채 이리저리 흔들며 집 주위를 돌아다니곤 했다. 샘은 젖을 먹겠다고 쉬지 않고 울었다. 모유를 먹은 직후에는 잠이 들었지만, 기껏해야 몇 분이었다. 이런 일이 48시간 동안 계속됐고, 우리는 둘 다 좀비 상태가 됐다.

얼마나 준비가 덜 됐는지 우리는 정확히 아는 게 아니었다.

혼이 빠진 상태로 소아과 전문의에게 다섯 번째로 전화를 걸었을 때, 곧바로 응급실로 가라는 말을 들었다.

응급실에서는 토마토처럼 새빨개진 샘의 얼굴을 보더니 곧바로 상담실로 보냈다. 상담실 의사는 우리를 보자마자 과잉보호를 하다 지친 부모라고 "진단"을 내린 것 같았다.

하지만 아이는 이 의사에게 치료를 받아보겠다고 결정한 것 같았다.

의사가 로봇 같은 태도로 우리에게 일상적인 질문을 하는 순간에도 샘은 여전히 비명을 지르듯 울어댔다. 의사가 샘의 기저귀를 풀며 "아이가 오늘 소변을 봤어요?"라고 묻는 순간, 샘은 의사의 얼굴에 시원하고 건강한 소변 줄기를 쐈다.

"이렇게 대답을 하네요."

의사가 포기한 듯한 목소리로 대답했다.

그보다는 조금 나았던 두 번째 의사는 샘에게 심한 산통(유아가 다양한 불쾌감으로 인해 빈번하게 우는 증상) 증세가 있다고 했다. 의사는 온갖 종류의 팁을 주었다. 아기 침대의 머리 쪽을 높여보라는 둥, 신생아용 배앓이 약을 먹여보라는 둥, 아기를 안고 긴 산책을 해보라는 둥. 그리고 이 방법들이 모두 말을 듣지 않는다면, 샘을 아기 침대에 눕히고 귀마개를 한 뒤 아이가 우는 동안 그냥 자라고도 했다.

아무것도 도움이 되지 않았다.

6주 가까이(정확히는 42일 동안) 우리의 작고 귀여운 샘은 한 번에 한 시간 이상 잠에 들지 않았다. 우리는 아이를 유모차에 태운 채 온 동네를 돌아다니며 걷고 또 걸었다. 그래도 울음을 터뜨리면 차를 탔다. 운전하고 또 운전했다. 샘은 드라이브를 좋아했다. 고속도로의 웅웅거리는 소리와 커브길을 좋아하는 것 같았다. 브렌트와 내가 뒷좌석을 보면 샘이 자고 있을 때도 있었지만, 스쳐 지나가는 풍경을 보며 파란 눈을 동그랗게 뜨고 있을 때가 더 많았다. 그렇게 드라이브를 마치고 집에 돌아오면 다시 울음소리가 울려 퍼졌다.

샘을 어린이집에 맡기고 이제 막 임대한 반짝이는 새 사무실에서 풀타임으로 일하겠다는 나의 섬세한 계획들이 창밖에 내던져지는 순간이었다. 아이는 비통하게 울어댔다. 다른 건 중요하지 않았다.

얼마나 지치고 만사에 무감각해져 있었는지, 사무실에 있던 파일과 가구를 집으로 옮기고, 침실 두 개짜리 집의 자그마한 거실을 임시 작업 공간으로 바꾼 일조차 기억나지 않는다. 극심한 수면 부족 상태에서 글을 쓰기란 거의 불가능했다. 일주일에 몇 차례씩 소아과 병원을 오가며 필사적으로 해결책을 찾았다.

그러던 어느 날 늦은 밤(이른 아침이었을 수도), 샘과 무한 수유 세션의 일부를 한 차례 마친 후 나는 맘스 온라인이라는 웹사이트에 접속했다. 맘스 온라인은 PC통신 시절에 존재했던 온라인 웹사이트인데 내게는 생명줄 같았다. 서로에 대해 전혀 알지 못하는 엄마들과 한밤중의 시간을 함께 보내는 것이다.

내게는 마치 간병실과도 같았던 그곳에서 소아과 의사나 가족, 친구들에게는 들어본 적 없는 아주 심플한 조언을 한 가지 들었다.

"식단에서 유제품을 빼보세요."

기침이 멎지 않던 아기를 키우는 엄마에게 다른 엄마가 한 조언이었다.

불면증으로 잠 못 이루던 어느 밤, 신생아 시절의 내가 두유를 먹고 자랐다는 이야기를 들었던 게 떠올랐다. 당시로써는 매우 드문 일이었다. 그리고 내 안에서 희미하게 점멸하던 희망이 반짝 빛나는 게 느껴졌다. 나는 유제품을 끊어보기로 했다.

다음 날 밤, 유제품 없는 식단을 시작한 지 24시간도 지나지 않아 샘은 밤새 새근새근 잤다.

덕분에 우리 부부도 죽은 사람처럼 잤다. 한 달 반 만에 처음으로 숙면을 한 다음 날 아침 눈을 떴을 때, 그 느낌은 정말이지 축복이었다.

그 후 한 살이 될 때까지 샘의 발육에는 문제가 없었다. 저녁에는 여전히 예민했지만, 초반 6주 때에 비하면 말할 수 없이 잘 지냈다. 샘은 늘 움직이고 싶어 했다. 그래서인지 구르고 앉고 기어다니고 걷는 등의 신체 발달이 내가 보는 육아서에서 말한 시기보다 훨씬 빨랐다.

샘은 퍼즐 맞추기를 좋아했는데, 특히 알파벳 글자 퍼즐과 미국 지도 퍼즐을 좋아했다.

또 드라이브를 가면 샘이 신통한 방향 감각을 타고난 것처럼 보일 때가 있어 재미있기도 했다. 노나네 집에 가자고 말하면서 집을 나섰는데 만약 우리가 다른 방향으로 운전을 한다면, 이를테면 기름을 넣기 위해 중간에 주유소 쪽으로 돌아간다거나 하면 샘은 이상하다는 듯 두리번거렸다. 뒷좌석 카시트에 앉은 샘이 노나네 집 방향을 가리키며 작지만 다급한 목소리로 "올바른" 길을 알려준 적도 있다.

파티를 좋아하는 샘은 자기보다 나이가 많은 친구나 어른과도 아주 잘 어울렸지만, 또래 아이들과는 조금 달랐다. 처음으로 유치원에 가던 날, 그날은 마침 어머니의 날이었는데 유치원에 도착하자 내 다리에 매달려 엉엉 울었다. 별일 아닐 거라고 생각했다. 하지만 몇 시간 뒤 샘을 데리러 갔을 때, 샘은 다른 아이들과 멀리 떨어진 채 구석에서 여전히 울고 있었다. 교사의 말에 따르면 오전 내내 그 상태였단다. 우리는 이렇게 생각했다.

"샘이 집에 있을 때와는 다르네."

그리고 12개월이 됐을 때, 샘이 외웠던 단어 몇 개를 까먹기도 한다는 사실을 발견했다. 처음에는 대수롭지 않게 생각했다. 그로부터 얼마 뒤, 샘이 그토록 좋아했던 강아지와 말, 소 등 헛간에 사는 동물에 관한 대부분의 단어를 까먹었다는 사실을 발견했다.

엄마로서 촉이 발동하기 시작했다. 처음에는 마음 깊은 곳에서 조용히 퍼져나갔지만, 그 소리가 자꾸만 커졌다. 방법을 모색해야 한다는 사실을 나 스스로 받아들일 때까지.

샘을 아동 발달 전문가에게 보였다. 그녀는 여러 가지 테스트를 해 보더니 다행히 샘이 정상이라고 했다. 어릴 때는 언어를 배우면서 단어를 까먹기도 한다고 했다. 샘을 지켜보되 너무 집착하지 말라고 했다.

하지만 집착하지 않는다는 것은 쉬운 일이 아니었다. 당시는 두 번째 아이이자 첫딸을 임신한 지 5개월이 됐을 무렵이었기 때문에 호르몬이 다시 급증한 탓도 있었다.

두 번째 임신은 처음부터 끝까지 롤러코스터였다. 샘(당시 9개월)에게 젖을 먹이기 위해 일어나 수유를 마치면 그대로 바닥에 쓰러져 잤다. 수유와 임신으로 인한 피로가 내 몸을 혹사시키고 있었다. 내게는 남은 영양분이 없었다! 샘을 임신하고 찐 27킬로그램이 고스란히 빠진 뒤에도 살은 계속 빠졌다.

그러더니 입덧이 시작됐고, 다시 27킬로그램이 쪘다! 내 몸은 마치 거대한 아기를 낳기 위해, 그리고 그만큼의 체중을 늘리기 위해 설계된 것 같았다. 198센티미터인 아버지와 157센티미터인 어머니에게 물려받은 뒤죽박죽 키 유전자 때문에 내가 이렇게 힘든 게 아닐까도 생각했다. 내 몸은 거대한 아이를 쉽게 낳을 수 있는 몸이 아니었다.

그렇게 1997년 8월에 태어난 세실리는 몸무게가 4.8킬로그램이었다. 예정일보다 2주 일찍 태어났는데, 만약 제때에 태어났다면 5.4킬로그램이 넘었을 것이다! 세실리는 생후 6개월은 된 아기의 모습으로 세상에 나왔다. 성격도 샘과는 전혀 달라서, 내가 간호사에게 전화해 모유를 먹여야 하니 데리고 와 달라고 부탁해야 했다. 세실리는 아무것도 요구하지 않고 그저 나와 함께 있는 것에 만족하며 내 품에 폭 안기고는 했다. 온화하고, 조용하고, 침착했다. 엄마로서 신경이 곤두서 있던 나를 진정시켜주었다.

샘은 여동생과 금세 정이 들었다. 세실리에게 담요, 고무젖꼭지, 심지어 자기가 아끼던 장난감을 가져다주었고, 자주 세실리를 사랑스럽게 바라보고는 했다. 한 가지 작은 문제라면, 아주 가끔 세실리가 울면 다가가 세실리를 살짝 밀었다는 것뿐.

왜 그랬냐고 물으면 샘은 그저 "그만해"라고 대답했다. 이 무렵 나는 샘의 말을 통역하는 데에 꽤 익숙해져 있었기 때문에 세실리가 울지 않았으면 하는 샘의 마음을 읽을 수 있었다.

우리 부부는 세실리가 깨서 울까 봐, 그리고 샘이 "그만해"라고 말할까 봐 초조해하며 두 아이를 끊임없이 주시해야 했다. 결국 다시 아동 발달 전문가를 찾아갔다. 그녀는 이번에도 여러 검사를 했지만, 이번에는 예상치 못한 결과를 들려주었다.

"샘이 자폐증일지도 모르겠네요."

뭐라고?!

내 삶의 새로운 단계가 시작된 순간이었다. 나는 그걸 "미친 엄마 단계"라고 부른다.

그때가 1997년이었다는 사실을 잊어서는 안 된다. 지금이야 텔레비전 드라마나 책, 영화에서 자폐증 캐릭터를 쉽게 접할 수 있지만, 그때 자폐증이라고 하면 떠오르는 건 하나밖에 없었다.

영화 〈레인맨〉. 1988년에 더스틴 호프만과 톰 크루즈가 주연을 맡아 오스카상을 수상한 작품 말이다. 내 아이가 자폐증일 리가 없어. 의사가 틀렸을 거야. 나는 곧바로 행동을 취했다.

내가 취한 첫 단계는 털사에서 자폐증 전문가로 널리 알려진 발달장애 소아과 전문의에게 전화해 샘을 진료 대기자 명단에 올리는 것이었다. 최소 8개월은 기다려야 한다고 했다.

8개월 동안 잠자코 있을 수는 없었다.

다음 단계로 나는 자폐증에 관한 책 중 반응이 좋은 책들을 주문했다. (그때는 자폐증 관련 책이 많지 않았다. 지금은 아마존에서 검색하면 자폐증에 관한 책의 목록만 75페이지가 넘게 나온다.) 내가 처음 읽은 책은 캐서린 모리스의 《너의 목소리를 들려줘》였는데, 그 책에서는 5세 전후, 신경학적 창문이 닫히기 전에 치료를 하는 것이 얼마나 중요한지 강조했다.

본격적인 패닉이 몰려왔다.

패닉은 몰려오기 시작하자마자 곧바로 극에 달했고, 지쳐서는 안 되는 엄마 기질이 발동해 닥치는 대로 방법을 찾기 시작했다. 시계가 쉴 새 없이 째깍거리고 있었다.

구할 수 있는 모든 책을 읽고, 웹사이트와 의학 잡지, 각종 연구 결과와 가능한 치료법들을 파고들기 시작했다. 여기저기 전화를 해 치료팀을 꾸렸다. 가장 유망한 치료는 응용 행동 치료라는 것인 듯했다. 털사에서는 거의 알려지지 않은 치료법이었지만, 응용 행동 치료가 뭔지 아는 사람을 찾기만 하면 믿고 고용할 생각이었다.

얼마 뒤 18개월 된 내 아이를 치료할 정신과 분야의 박사를 찾았다. 더불어 언어 치료 전공 학생 세 명과 작업 치료사 그리고 감각 통합 치료사도 있었다. 샘이 주 40시간 치료를 받을 수 있도록 서둘러 일정을 짰다. 보험으로는 해결이 안 됐다. 비용이 엄청나게 들었지만 개의치 않았다. 더 열심히 일하고 더 많은 광고를 만들고 밤새 치료법을 찾았다.

자폐증을 위한 식단 연구와 주변 연구들에도 관심을 가졌다. 특히 자폐증을 앓는 많은 아이가 카페인 프리 또는 글루텐 프리 음식에 반응하는 것 같았다. 둘 다 들어본 적 없는 단어들이었지만, 샘이 유제품과 잘 맞지 않는다는 사실은 경험으로 이미 알고 있었다. 나는 샘에게 카페인 프리, 글루텐 프리 음식을 먹여보기로 했다.

가족 모두 우리가 미쳤다고 생각했다. 누가 아이에게서 피자, 치킨 너겟, 심지어 식사 빵까지 빼앗을 생각을 하겠는가? 그것은 가족 모임에서 주요 화두가 되었다. 가족들은 눈동자를 굴리며 서로 눈빛을 주고받을 뿐이었다.

결국, 우리는 샘의 식사 샘플을 갈색 종이봉투에 조심스럽게 담아 가족 행사에 가져갔다. 그럼에도 혼란과 연민이 담긴 눈빛은 계속됐다. 하지만 우리는 샘이 나아지고 있다고 믿었고, 그대로 밀고 나갈 생각이었다. 한번은 사촌의 생일 파티에서 삼촌이 선한 마음으로 샘에게 생일 케이크 한 조각을 몰래 가져다

주었는데, 그 즉시 얼굴에 붉은 발진이 생기고 위경련과 설사가 일어났다. 이 일은 우리의 결심을 더욱 단단하게 해주었다. 샘과 몇몇 물질들 사이에서 무슨 일이 일어나고 있는 것이었다.

식단이 샘의 상태와 어떻게든 연관이 있다는 우리의 입장을 뒷받침하기 위해 샘을 알레르기 전문의에게 데려갔다. 의사는 샘이 밀, 유제품, 콩, 계란, 견과류, 초콜릿 등 거의 모든 음식에 알레르기가 있다는 것을 확인했다. 의사는 고기와 신선한 야채, 과일로 구성된 구석기 식단을 추천했다. 샘의 입맛이 다른 아이들만큼 까다롭지 않아서 다행이었다. 샘은 무엇을 주든 행복하게 먹었다! 하지만 유치원에서는 다른 아이들이 먹는 치즈나 크래커, 초콜릿 과자를 먹을 수 없어 아쉬워했다. 이 때문에 샘은 친구들과 더 멀어질 수밖에 없었다.

그러던 어느 날, 샘이 금지된 음식을 먹지도 않았는데도 묽은 변을 본 적이 있었다. 상황은 더 나빠졌다. 훨씬 안 좋았다. 샘은 너무 아파서 소파에 앉지도 일어나지도 못했다. 창백하고 무기력해 보였다.

급히 소아과 의사를 찾아갔다. 의사는 이것저것 검사를 했지만 모두 음성으로 나왔다. 의사도 당황했다. 의사는 12가지 검사를 더 해보자고 했고, 그사이 우리는 집에 가서 샘에게 물을 먹이고 검사 결과를 기다리기로 했다. 병원 문을 나서려던 때, 내가 돌아서서 물었다.

"선생님, 온라인에서 C.Diff 감염에 대해 읽은 적이 있어요. 샘이 지난달에 귀에 염증이 있어서 항생제를 복용했었잖아요. 그게 이유일 가능성은 없을까요?"

친절하고 개방적인 성격 때문에 선택했던 소아과 의사는 고개를 저었다.

"C.Diff 감염은 대부분 노인에게서 나타나요."

그러더니 간절한 내 표정을 살피고는 이렇게 덧붙였다.

"하지만 검사 목록에 추가해 보는 것도 나쁘지는 않을 것 같아요."

샘과 길고 고통스러운 밤을 보낸 후 마침내 의사의 전화를 받았다.

"안 믿기겠지만 당신이 옳았어요! C.Diff 감염이에요."

어떤 치료법이 있느냐고 물으니 이렇게 대답했다.

"이상하게 들리겠지만, 치료법은 더 강력한 항생제를 쓰는 거예요."

샘에게 새로운 항생제를 투여하기 시작한 지 한 시간 만에 나는 일이 아주 많이 잘못되었다는 것을 알았다. 샘은 전보다 더 무기력해졌고 피부는 거의 회색빛이 되었다. 공포심을 억누르며 C.Diff 감염과 처방받은 항생제에 관해 찾아보았다. 이 약의 위험성에 대한 기사가 바로 나왔다. 특히 C.Diff 감염을 앓은 어린이에게는 부작용이 있을 수 있고, 심지어 치명적이라는 내용도 있었다. 나는 계속 파고들었다. 필사적으로 대안을 찾았다. 컬처렐이라는 이름의 괜찮은 유산균에 관해 다룬 작은 기사를 발견했다. 컬처렐은 제조사에 직접 주문하는 수밖에 없었다. 나는 제조사에 전화를 걸어 응답기가 아닌 직원과 통화 끝에, 밤사이 유산균을 먹을 수 있게 해달라고 설득했다.

그날 밤 샘은 내 옆에서 거친 숨을 몰아쉬며 잠이 들었다. 기도하며 시계를 봤다. 매분 매초가 고통스러울 만큼 천천히 흘렀다. 나는 밤새 숨죽이다 새벽 4시쯤에야 잠이 들었다.

오전 6시. 샘이 침대에서 벌떡 일어나 이렇게 말하는 소리에 잠이 깼다.

"엄마, 나 괜찮아졌어!"

이때부터 즉시 영양과 대체요법 시스템을 갖추기 시작했다.

검사 결과 샘의 몸은 금속을 잘 처리하지 못했고, 혈액 속에는 안티몬의 농도가 최고치까지 올라 있었다. 당시 안티몬은 아기 침대나 아기 잠옷 등에 방염제로 자주 사용됐는데, 샘은 아기 침대 난간에 대고 이를 갈거나 잠옷의 목 부분을 물어뜯는 버릇이 있었다.

샘에게는 효모 과다 증식과 장누수증후군도 있었다. 나는 음식 알레르기에 대해 계속 연구했다. 이러한 질병들이 항생제 남용과 식이요법의 결과로 예민해진 아이들에게 일어날 수 있다는 사실을 알게 되었다. 논문들에 따르면, 음식물이 제대로 분해되지 않으면 뇌 기능이 손상될 수도 있었다.

순간 모든 것들이 이해되기 시작했다. 출생 직후부터 모유 수유 식단에서 유제품을 없애기 전까지 힘들게 보내야 했던 6주, 생후 1년 동안 세 가지 주요 항생제에 대해 부작용을 겪었던 일, 그리고 수은(지금은 없어진 백신용 방부제 티메로살)이 들어있는 예방주사를 맞은 후 12개월 동안 말을 잃었던 일, 카페인 프리와 글루텐 프리 식단을 시작했을 때 꾸준히 개선되었던 샘의 건강, 그리고 심하게 앓았을 때 단 한 번의 강력한 유산균으로 놀라우리만치 건강을 회복했던 일까지.

닥터 H(샘의 치료팀을 이끄는 심리학 박사)와 다음 약속에서 만났을 때, 나는 샘의 영양 치료법에 대한 최근의 극적인 진전에 관해 이야기했다. 우리는 논의 끝에 효모 과다 증식에 대해 항진균 치료를 시작하기로 했고, 바로 다음 날 두 가지 극적인 변화를 목격했다. 효과가 너무나 명백해서 놀라울 지경이었다.

첫 번째 변화. 아침에 잠에서 깬 샘이 말했다.

"나 주스 마시고 싶어."

처음에는 이게 얼마나 큰 발전인지 실감조차 못 했다. 그러다 기억이 났다. 말을 시작하면서부터 샘은 자폐아들에게 흔히 나타나는 반향어(들은 말을 즉시 따라 하는 일) 증상을 보였다. 대명사를 틀리게 말하거나 들은 것을 그대로 반복하거나 했다. 정상인 아이는 질문을 자연스럽게 자신 쪽으로 가져와 정확한 대명사를 사용해 말하지만, 자폐아는 엄마나 아빠가 하는 말을 늘 그대로 따라 한다. "샘 주스 마실래?"라고 물으면 "나 주스 마실래"가 아니라 "샘 주스 마실래"라고 답하는 식이다. 그래서 샘이 이 상황에서 처음으로 정확하게 "나"라는 주어를 사용했을 때 나는 입이 다물어지지 않았다. 정말이지 놀라운 경험이었다.

두 번째 변화. 샘이 제일 좋아하는 놀이터에 데려갔을 때, 우리는 기적을 목격했다.

샘은 달리기와 암벽 오르기, 점프를 좋아했다. 그중 암벽 오르기를 조금 더 좋아했지만, 늘 혼자 했다. 놀이터에 다른 아이들이 있으면 샘은 안전한 거리를 유지했고 절대 섞이지 않았다. 하지만 그날, 그러니까 샘이 항진균 치료를 시작한 다음 날, 믿을 수 없는 일이 일어났다. 샘이 놀이터로 달려 나가더니 모르는 아이와 바로 마주한 것이다.

"나랑 놀래?"

샘이 물었다. 아이들은 즉시 짝을 지어 뛰어다니며 한 시간 동안 함께 놀았다. 벤치에 앉아 있던 나는 미소를 지으며 눈물을 흘렸다.

이 모든 일을 H 박사와 공유하면서 나는 평소 침착하고 냉정했던 그녀의 표정이 놀라움, 충격, 그리고 한 번도 본 적 없는 무언가, 그러니까 희망으로 변하는 것을 보았다. 샘만을 위한 희망이 아니라 샘보다 나이가 더 많고 심각한 자폐증을 앓고 있는 박사 자신의 아들을 위한 희망이기도 했다.

내가 처음으로 식이요법과 대체요법에 대해 언급했을 때, 그녀는 내심 그 방법들을 무시했었다고 고백했다.

"당신의 희망을 빼앗고 싶지 않았어요. 딱히 위험한 방법 같지도 않은데 말릴 이유가 뭐가 있겠어요?"

우리는 샘에게 영향을 미쳤을 수도 있는 다른 요인에 관해서도 이야기를 나누었다. 샘의 물리치료와 작업치료에 특이하거나 달라진 점이 있었나? 학교나 집, 다른 곳에서 새로운 사항들은 없었나?

식이요법과 대체요법 외에 바뀐 환경은 아무것도 없었다. 그리고 샘에게서 부정할 수 없는 결과를 목격한 H 박사는 그 효과를 인정할 수밖에 없었다.

그 후로 H 박사와는 연락이 끊겼지만, 마지막으로 대화를 나누었을 때 그녀의 아들 역시 샘에게 효과가 있었던 그 치료법으로 나아지기 시작했다고 들었다. 그리고 오늘날, 홀푸드에는 글루텐 프리와 유제품 프리 제품들이 속속 등장하며 대유행하고 있다. 자폐증 진단을 받은 아이들은 이제 거의 자동으로 이 식단을 채택하고 있고, 자폐증과 장내 미생물과의 연관성은 과학계에서 점점 더 주목받고 있다.

캐서린 모리스는 자신의 첫 번째 책에서 이렇게 썼다. 자폐증 치료는 다섯 살까지가 중요하다고. 샘이 다섯 살이 되었을 때,

오클라호마 주립대학교 우등 졸업생 샘 브랜더.

샘의 치료사들은 샘이 자폐증에서 회복됐다고 선언했다.

이것이 논란의 여지가 있는 발언이라는 것을 안다. 샘이 여전히 힘들어하냐고? 물론이다. 특히 초등학교에서 중학교로, 고등학교에서 대학교로 가는 과도기는 더 힘들어했다. 하지만 대학이라는 "더 큰 연못"이 샘에게 훨씬 나은 환경이었다는 사실이 밝혀졌다. 샘은 동아리에 가입했고, 자신이 겪은 투쟁을 새 친구들과 나누었다. 친구들은 심지어 그가 여학생 앞에서 수줍어하는 습관을 극복하게 해주겠다며 그를 도와주었다. 샘은 여전히 노력하고 있다! 샘은 오클라호마 주립대학에서 그가 사랑하는 지리학 학위를 딸 수 있게 됐다는 사실을 알고 무척 기뻐

했다. 그는 지리학 과정에 몰두했고, 대학 생활 내내 거의 대부분의 과목에서 A를 받았다. 졸업하기 전에는 영국 케임브리지에서 짧은 유학 경험도 했다.

이 글을 쓰는 지금, 샘은 털사에서 지리 공간 분석가로 풀타임 근무하고 있고, 첫 아파트와 첫 여자친구를 기다리고 있다. 샘은 바이크 타기, 체육관에서 운동하기, 나뭇잎 갈퀴질, 봉사 활동, 그리고 무엇보다도 여행을 좋아한다. 그는 여전히 도로 여행과 지도를 좋아하고, 자신보다 나이가 많거나 적은 사람들과 잘 어울린다. 또래 친구는 조금 어색해한다. 하지만 다행스러운 건, 나이가 들수록 서로의 나이를 알지 못하기 때문에 나이는 별로 중요하지 않다!

샘을 자폐증에서 구하기 위한 투쟁(돌이켜보면 투쟁이라는 말이 딱 맞다)은 내게도 엄청난 영향을 미쳤다. 엄마로서뿐 아니라 기업가로서 그리고 더 근본적으로는 인간으로서도. 당시에는 부모로서 끔찍한 악몽처럼 느껴졌던 일이 지금은 아름다운 선물이 되었다. 그 트라우마가 내게 있는 줄도 몰랐던 에너지를 느끼게 했고, 기지를 발휘하게 했으며, 전에는 몰랐던 두려움도 알게 해주었다.

이런 질문을 자주 받는다. "잠잘 시간은 있어요? 어떻게 사업도 하고, 가족도 돌보고, 스웨터도 뜨고, 책도 읽어요?"

나는 늘 웃으며 잘 잔다고 대답한다. 내가 원하는 만큼은 아니지만.

분명한 건 나도 남들과 똑같은 평범한 사람이라는 점. 나는 엄마라면 누구나 할 수 있는 일을 했을 뿐이다. 여러분도 생각보다 훨씬 큰 힘을 가지고 있다. 가장 필요한 순간에 바로 당신에게 그 힘이 있다는 사실을 잊지 말기를.

chapter 14

뜨개로는 먹고 살 수 없어

샘이 자폐증 진단을 받은 후 나를 행동으로 이끌었던 마르지 않는 에너지와 낙관주의를 기업가라면 누구나 품고 있다. 기나긴 여정을 앞두고 나는 그 마르지 않는 에너지를 얼마나 자주 떠올려야 하는지, 에너지의 우물을 얼마나 깊게 파야 하는지 알지 못했다. 그저 내게 큰 아이디어가 있다는 걸 알았고, 계속 앞으로 나아갔을 뿐이다.

여왕벌 사건이 있던 날, 집에 돌아와 브렌트에게 말했다.

"뜨개 공방을 열어야겠어."

"음… 뭐라고?"

브렌트에게 그날 내가 겪은 일을 들려주었다. 분명 더 나은 방법이 있을 거라고. 그리고 사실은 얼마 전부터 머릿속에 새로운 사업에 대한 비전을 구상하고 있었다는 고백도 했다. 내가 만들 뜨개 공방에서는 모든 것이 제대로 정리되어 있을 것이고, 바쁜 사람들이 잠시 들러 멋진 프로젝트를 선택하고 뜨개를 할 수 있을 것이다. 내가 만들 뜨개 공방에서는 모든 사람이 매우 친절하고 서로를 기꺼이 도울 것이다. 내가 만들 뜨개 공방에서는 나이를 불문하고 대바늘과 코바늘을 즐기는 모든 사람을 환영할 것이다. 내가 만들 뜨개 공방에는 다양한 사람들이 모여들어 저마다 삶의 경험을 공유하는 공동체를 만들 것이며, 그들은 뜨개로 하나가 될 것이다.

브렌트가 내 공상에 끼어들어 물었다.

"그래서, 당신은 그 사업을 하면서 브랜더스 주식회사도 같이 할 거야?"

"할 수 있어."

"뭐, 좋아. 좀 무리한 것처럼 들리기는 하지만, 그게 가능하다면 당신도 할 수 있겠지."

그날 밤, 친구 스콧에게 전화를 걸었다. 스콧은 내 친구 중 유일하게 MBA 학위를 가진 사람이다.

"나 사업계획서 쓰는 것 좀 도와줄래?"

내가 물었다.

"왜?" 네 사업 이미 잘되고 있지 않아?"

"만나자, 내가 설명해 줄게."

스콧과의 점심을 앞두고 나는 조사를 시작했다. 미국 공예가 협회와 전미 뜨개협회의 보고서를 찾아보았다. 내용은 별로 고무적이지 않았다. 일반적인 실 가게의 연간 총매출이 10만 달러 미만이라는 통계가 보였다. 재고 중 절반은 반값 할인으로 팔고, 임대료는 오르고, 조명은 밤새 켜놓고. 대부분의 사람에게 뜨개는 취미에 지나지 않는다는 사실을 확인하는 일은 어렵지 않았다. 그것도 아주 비싼 취미.

나는 엄마의 친구인 실비아 아줌마에게 전화를 걸었다. 내가 16살 때, 그러니까 거의 20년 전에 내게 뜨개를 가르쳐준 바로 그분이다. 당시 실비아 아줌마는 운영하던 뜨개 공방을 처분하고 전국을 누비는 실 회사의 영업사원이 되어 있었다. 나는 그녀에게 내 계획을 설명했다.

"어머나! 그 사업 꼭 해! 넌 아주 잘할 거야. 분명 재미도 있을 거고!"

나는 실비아 아줌마에게 물었다. 내가 광고 회사를 그만두고 실 가게만으로 우리 가족을 부양할 수 있게 되기까지 얼마나 걸릴 것 같은지를.

"아, 이런… 정말 이런 말 하고 싶지 않고 네 꿈을 무너뜨리고 싶지 않지만, 너도 알아야 하니까. 실로 돈을 벌기는 어려워."

스콧과 초밥을 먹으려고 자리에 앉았을 때, 더 불안해진 이유는 그래서였다. 풋콩 요리를 먹어본 게 그때가 처음이었던 것으로 기억한다. 내 신경은 이미 곤두서 있었기 때문에 생소한 음식을 마주하니 불안감이 더 치솟았다. 하지만 스콧은 내가 먼저

먹기를 정중히 기다리고 있었기 때문에 나는 머뭇거리며 접시를 집어 들었다. 풋콩 껍질을 눌러 씨만 먹는 줄도 모르고 나는 껍질째 통째로 깨물었다. 이게 뭐가 맛있다는 거야?

고맙게도 스콧은 잠시 당황한 미소를 지으며 나를 지켜보더니, 조용히 풋콩 껍질을 눌러 알맹이를 뽑아 먹은 다음 빈 껍질을 여분의 접시에 올려 두었다. 오, 세상에. 어찌나 당황했던지. 하지만 나는 이미 하나를 배운 셈이었다. 제대로 된 방법으로 풋콩을 먹어보니 맛있었다! 그리고 눈앞에 둔 내 사업계획을 과감히 펼쳐 보일 때라고 생각했다.

나는 스콧에게 내가 한 조사를 보여주었고, 온라인에서 발견한 템플릿을 활용한 사업계획의 뼈대를 공유했다. 그 문서는 프랜차이즈 실 가게 루프에 대한 나의 장기적인 목표를 상세히 기술한 것이었다. 실비아 아줌마와 나눈 대화와 그녀의 심각한 경고도 담았다.

스콧은 이 모든 것을 훑어보고는 몇 개의 숫자를 갈겨쓰더니 그것을 집으로 가져가서 작업하겠다고 말했다. 그리고 내 눈을 똑바로 바라보며 말했다.

"장밋빛 미래에 관해 들려줄 생각은 없어. 분명 힘들 거야. 적어도 첫 3년은 1달러도 집에 가져가지 못할 거라고 각오해야 해. 미친 듯이 열심히 해야 할 거야."

잠시 마음을 가라앉혔다. 깊숙한 곳에 있는 무언가가 제자리를 찾아 자물쇠가 채워지는 듯했다. 철커덩 자물쇠 채우는 소리가 들리는 것도 같았다. 시간이 아무리 오래 걸려도, 사업과 살림을 병행하느라 아무리 힘들어도, 루프는 성공할 것이었다.

스콧이 말했다.

"하지만 나는 브렌트의 말에도 동의해. 이게 가능하다면 너도 할 수 있겠지."

스콧이 윙크를 해 보이며 이렇게 덧붙였다,

"준비해 봐. 언젠가는 사람들이 너를 루프 레이디라고 부를 테니까."

chapter 15

그들이 할 수 있다면, 나도 할 수 있다

너무나 오랫동안 바라왔던 것, 간절히 소망했던 것을 마침내 얻었을 때 그 느낌을 뭐라고 표현할 수 있을까? 자, 이제 어쩌지? 마침내 뜨개 공방을 열 때가 왔다. 사업 계획도 화려하고, 아이디어와 희망과 꿈도 원대했지만 현실은 어떤가? 내가 뭘 하고 있는지 알 수가 없는 것이 현실이었다.

나는 재고 관리를 해본 적이 없었다. 고등학생 때 푹푹 찌는 한여름 창고 안에서 수천 개의 크리스마스 장식품 가격을 계산했던 것 빼고는.

판매랄 것도 딱히 해본 적이 없었다. 어릴 때 사탕을 팔거나 대학생 때 아르바이트로 웨이트리스를 해본 것 빼고는.

그리고 무엇보다, 나는 사람을 고용해 일해 본 적이 없었다. 브랜더스 주식회사에서 사무실 관리자로 일했던 내 여동생을 빼고는. 게다가 이 특별했던 계약 관계는 곧 끝나가고 있었다, 아쉽게도.

내 유일한 자매는 나보다 5살이 어린데 똑똑하고, 친절하고, 조직 생활에 재능이 있었다. 동생은 몇 년 동안 브랜더스 주식회사의 유일한 직원이었다. 동생은 자신을 사무실 보모라고 불렀는데, 왜냐하면 사무실 관리를 돕는 일뿐 아니라 우리 세 아이의 보모로서도 일을 도왔기 때이다.

수학 분야의 학위를 갖고 있는 동생은 조직과 체계에 대해 남다른 마인드를 갖고 있었다. 이것이 나의 선행동 후질문 격인 사업 방식에 엄청난 균형을 가져다주었다. 게다가 동생은 아이를 좋아해서 내 아이들과도 환상의 호흡을 자랑했다. 겉보기에는 정말이지 모든 것이 완벽했다.

하지만 겉과 속이 일치하는 경우는 드물다. 당시의 현실은 보이는 것보다 깊고 어두웠다. 브렌트와 나는 정신을 차리려고 안간힘을 쓰고 있었다는 것. 우리가 공방 오픈을 준비할 즈음, 브랜더스 주식회사는 정신없이 돌아가고 있었다. 우리의 가장 큰 고객 중 하나인 체로키 네이션이 당시 하드 록 카지노와 제휴해 주요 부동산을 재브랜드화하는 중이었고, 개인적인 시간은 도박 중독자 수준으로 공방 오픈에 푹 빠져 있었다. 너무 많은 시간을 일했고, 낮인지 밤인지도 몰랐다! 나날이 불어가는 은행 잔고만큼 스트레스도 터질 듯 부풀었다.

동생에게 이런 상황이란 업무량이 늘고 스트레스도 늘고, 무엇보다 엄마 아빠가 늘 바빠서 놀아주지 않는다는 사실에 큰 불만을 가진 세 아이를 돌봐야 하며, 그 대가로 받는 보너스가 늘어나는 것을 의미했다.

그러다 결국 임계점을 맞이했다. 동생에게 유티카 스퀘어의 새 소식을 전하던 날이었다.

"5월에 루프를 열 거야. 내 목표는 1년 안에 브랜더스 주식회사를 그만두는 거고."

그때 동생이 나를 바라보던 눈빛을 결코 잊지 못한다.

마치 머리가 여섯 개 달린 괴물을 보듯 나를 보았다.

"아, 그래? 그렇구나. 언니는 방금 자신이 공식적으로 미쳤다는 사실을 인정한 거야. 그러니까 난 여기까지만 할게."

나는 동생의 말에 엄청난 충격을 받았다. 나는 동생이 기뻐해 줄 줄 알았다. 내가 동생을 오해한 걸까?

"일이야 많아지겠지. 하지만 정말 짜릿하지 않니? 우리 모두에게 새로운 모험이 될 거야, 안 그래?"

동생의 반응은 어땠을까.

"가족 전체를 위험에 빠뜨릴 리스크를 기꺼이 지겠다니 믿을 수가 없어. 형부와 아이들도 모자라 나까지. 언니의 그 미친 아이디어를 실현하겠다고 주변 사람들을 내팽개치다니, 그건 정말 말도 안 돼!"

동생과의 갈등은 걷잡을 수 없이 커졌다. 수년간 억눌려 쌓인 스트레스와 좌절감을 거친 말로 쏟아낸 뒤 동생은 그대로 나가버렸다. 결과적으로 동생의 행동은 우리 둘 모두에게 옳은 일이었다. 동생은 언니의 그늘에서 벗어나 자신만의 커리어를 쌓을 수 있었고, 지금 우리의 관계는 어느 때보다 좋다. 하지만 그때는 재앙처럼 느껴졌다. 브렌트와 나는 5살 미만의 아이 세 명을 직접 돌봐야 했고, 간절히 그만두고 싶었던 회사는 나날이 번창했으며, 직원도 육아 도우미도 어떤 지원도 없이 시작한 공방은 시작부터 삐걱거렸다.

극도의 불안감으로 점점 어두워지는 내면을 향해 물었다. 나는 지금 뭘 하고 있는 거지? 소매점? 통계에 따르면 나는 실패할 게 분명하다. 동생의 말이 맞는다. 왜 가족을 위험에 빠뜨리는 거지? 나는 왜 위험을 무릅쓰려고 할까?

복잡한 마음으로 드라이브를 하러 나갔다.

작은 소매업체들이 입주한 상가를 거쳐 대형마트를 지났다. 사무실 건물, 신차 판매점, 중고차 판매점, 피자 가게 등을 지나쳤다. 이 작은 도시 하나에만도 수백 개의 사업체가 있었다.

모든 사업체마다 운영자가 있고, 그 모든 사업은 그들의 꿈에서 시작됐다는 사실을 되뇌었다.

나는 마음속에 잠겨 있던 자물쇠를 다시 두드렸다. 전보다 더 단단해진 것을 느꼈다.

"그들이 할 수 있다면, 나도 할 수 있다."

chapter 16

벽

2000년대 초반에 미국에서 뜨개 붐이 일었다. 미국 니들아트 협회에 따르면 10년 주기로 들끓었다 가라앉는다는 뜨개 붐의 절정기가 바로 그때였다. 북미 전역에 새로운 실 가게가 생겨나고 호황을 이루었다. 최고의 원사 업체들은 한 마리 상어처럼 먹잇감을 찾아 이 바다 저 바다를 누볐다. 그러니까 나처럼 아직 시장을 잘 모르고 순진한 새 가게 주인들을 찾아서.

괜찮은 먹잇감을 잡은 운 좋은 상어는 작은 연못을 그들의 실로 가득 채울 수 있었다. 이것은 매우 중요한데, 왜냐하면 당시에는 실 회사들이 비슷비슷한 실을 만들어냈기 때문이다. 대부분 실의 생산지가 같았다. 이탈리아 아니면 독일. 성분도 비슷한 실들이 라벨만 다르게 찍혀 판매되는 일이 다반사였다.

원사 업체들은 신규 오픈한 가게를 먼저 선점해야 그 가게에서 필요한 실에 대해 가르쳐 주면서 자기 회사의 실을 팔 수 있다는 사실을 잘 알고 있었다. 한 번 실을 입고하기 시작하면 몇 년간 계속 같은 실을 주문할 수밖에 없다. 이 과정에서 영업사원은 가게 주인과 신뢰를 쌓고, 가게 주인은 영업사원의 전문지식에 의존할 수 있었다. 이러한 관행은 다른 업체가 진입하기 어려운, 비유하자면 6미터쯤 되는 벽을 쌓는 일이기도 했다.

나와 엠마가 첫 번째로 만나기로 한 원사 업체 영업사원은 데이브라는 남자였다. 처음 미팅 약속을 할 때 데이브는 내게 미팅이 두 시간 정도면 끝날 거라고 했다. 하지만 미팅은 여덟 시간이 지나도록 끝나지 않았고, 데이브는 다음 날 아침 8시에 다시 오겠다고 말하고는 호텔에 방을 잡았다.

마침내 미팅이 끝났을 때, 나와의 미팅을 위해 다른 주를 방문하기로 했던 일정을 변경했다는 데이브의 이야기를 들었다. 어리둥절해진 내가 이유를 묻자 데이브는 이렇게 답했다.

"실로 벽을 만든다고 했잖아요."

데이브와 처음 통화했을 때 나는 "Hot Loops Wall"이라는 아이디어를 이야기했다. 그것은 실 가게에서 수없이 많은 시간을 보내고도 내가 정말로 뜨고 싶은 것을 찾지 못해 빈손으로 돌아와야 했던 내 초기 실 쇼핑 경험에서 영감을 얻은 아이디어였다. 그때 내게 실 가게들은 정말이지 미로처럼 느껴졌다.

"기둥들로 이루어진 벽을 만드는 거예요. 맨 위에는 완성된 프로젝트의 사진이 있을 거고, 그 아래쪽 선반에는 도안을, 그 아래쪽 선반에는 실을 진열할 거예요. 깔끔하고 가지런하게 엄선되고 정리된 상태로요. 바쁜 뜨개인이 저희 가게에 오면 금방 멋진 프로젝트를 발견하고 재빨리 구매해 갈 수 있는 거죠. 쇼핑하는 시간은 줄고 뜨개를 하는 시간은 늘 거예요!"

나는 흥분한 나머지 거의 소리치듯 말했다.

데이브는 일정을 바꾸면서까지 나를 보러 온 이유, 그러니까 내 아이디어의 어떤 점에 끌렸는지를 말해주었다.

"아이디어 자체 때문은 아니었어요. 사실, 당신이 그 벽에 싫증을 낼 것이라고 확신해요. 그 벽은 아마 몇 년 안에 사라지겠죠. 하지만 내 관심을 끈 건 당신이 사업 초기부터 독창적인 생각을 갖고 있다는 점이었어요. 대부분의 실 가게 주인들이 별 계획 없이 시작하거든요."

그는 계속 말을 이었다.

"수십 년 동안 이 일을 해왔고, 지금도 계속 업계를 주시하고 있습니다. 취미 삼아 시작하는 사람도 있고, 실을 좋아해서, 또는 실로 가득 찬 자신의 가게를 갖는 것이 재미있을 것 같아 시작하는 사람들이 대부분이에요. 아주 쉽게 시작하죠. 사업 계획도 없고, 당연히 백업 계획도 없어요. 그렇게 실 가게가 생겼다가 문을 닫는 것을 보면 마음이 아파요. 하지만 당신은 달랐어요. 당신은 해낼 수 있을 것 같아요."

사실 나는 데이브의 말이 잘 와닿지 않았다. 데이브는 Hot Loops Wall이 2년을 못 갈 것이라고 했지만, 올해로 루프는 창업 15주년을 맞았고 Hot Loops Wall은 서른 가지가 넘는 프로젝트로 채워져 있기 때문이다. Hot Loops Wall은 우리 가게만의 시그

니처 중 하나가 되었다.

우리 가게의 트레이드 마크가 된 Hot Loops Wall은 이제 우리 팀 전체의 노력이 필요한 큰 사업이 되었다. 최신 트렌드와 도안을 연구하고, 염색공과 함께 고유한 색의 염색실을 만들고, 대바늘이나 코바늘로 작품을 뜬 뒤, 완성된 작품을 촬영해 이 모든 과정을 통합한다.

그리고 시즌이 바뀌어 새로운 벽이 생길 때마다 나는 데이브

Hot Loops Wall™은 고객이 원하는 프로젝트를
신속하게 찾을 수 있도록 지원한다.

를 생각한다. (몇 년 뒤 그가 은퇴할 때까지, 그는 내가 가장 신뢰하는 조언자였다.)

데이브는 나에게 창의적인 계획의 가치를 알게 해주었다. 특히 경쟁사들과 차별화할 수 있는 계획의 가치를. 그리고 벽에 전시된 기존 프로젝트와는 전혀 다른 작품도 소개해 보라는 그의 순수한 조언 덕분에 창의적인 계획을 유지하는 것의 가치도 알게 해주었다.

사업을 막 시작했을 때는 반응이 빨리 오는 아이템에 큰 유혹을 느끼기 마련이다. 결과에 대해 원인을 추측하기도 쉽다. 하지만 내 생각에 중요한 것은 초기에 계획을 세우는 것이다. 계획을 세우고 (어떤 계획이든) 그것을 지켜야 한다. 수집한 모든 증거와 당신의 직감이 다른 방향을 가리키기 전까지는. 여러분의 독창적인 생각을 믿자. 그리고 영화 〈니모를 찾아서〉에 나오는 물고기 도리의 명언을 믿자.

"그냥 계속 헤엄쳐."

chapter 17

당신에게도 좋은 거래였나요?

첫 번째 영업사원과 이틀에 걸친 미팅을 마쳤을 때, 나는 재고 확보에 할당한 예산의 80%를 지출했다. (대단해요, 데이브!) 그리고 며칠 뒤 상자들이 도착하기 시작했다.

유리를 끼운 우리 집 포치는 머지않아 커다란 갈색 실 상자로 꽉 찼다. 아이들이 포치에서 놀면 브렌트는 침실에서 아이들을 지켜보고는 했는데, 이제 아이들은 포치에서 밀려나 침실에서 놀 수밖에 없었다. 엠마와 나는 수천 개의 실뭉치에 라벨 붙이는 작업을 시작했다. 커터칼을 들고 박스를 하나하나 뜯었다. 처음에는 꼭 크리스마스 아침 같았다. 갓 도착한 화려한 실 봉지를 꺼내 공중으로 치켜 올리며 이렇게 외쳤다.

"와, 이것 좀 봐! 너무 예쁘다!"

"오, 이거 보여? 이걸로 빨리 뭔가 뜨고 싶어!"

하지만 이내 실수로 칼을 너무 깊이 찔러 넣어 박스 안에 있는 내용물에 해를 입히기도 했다. 우리는 차분차분 일하는 법을 배웠고, 내용물이 손상되지 않도록 상자 표면만 조심스럽게 자르는 방법도 배웠다. 또 거의 모든 실 회사가 실을 얼마나 형편없는 수준으로 포장했는지 보고 충격을 받았다. 적지 않은 회사가 실 상자를 재사용하고 있었는데, 친환경적인 시도야 나쁘지 않았지만 군데군데 구멍이 뚫리고 해어진 기저귀 상자나 주류 상자에 실이 담겨 도착했을 때는 실망하지 않을 수 없었다.

가끔은 상자를 찍어 실 회사에 보낸 뒤, 실을 잘 보존할 수 있는 상자로 업그레이드하면 좋겠다는 의견을 보내기도 했다. 이것은 판매나 사업적 측면에서 봤을 때 뜨개 산업이 다른 산업에 비해 몇 년, 아니 몇십 년은 뒤처져 있다는 지표 중 하나였다.

또 한 가지 지표는 시대에 맞지 않은 영업사원 제도였다. 실 회사 영업사원들과 회의하기 위해 앉아 있다 보면 1950년대로 돌아간 듯한 기분을 느낄 때가 있었다. 당시에는 증가하는 실 수요를 공급이 따라가지 못했기 때문에 이런 담당자들과 좋은 관계를 맺는 것이 얼마나 중요한지는 알고 있었다. 실 가게를 운영하려면 실 회사 내부에 친한 직원이 있어야 더 빨리 실을 들여올 수 있기 때문이다. 하지만 이것이 쉽지는 않았다.

나는 실 회사 영업사원들이 1년에 두 번, 그러니까 봄과 가을에 새로운 색상의 실을 출시한 후 전화를 걸어온다는 사실을 알았다. 그들은 이런 식으로 간단한 미팅을 제안했다.

"다음 주 화요일에 가는데 오후 3시에 만날 수 있어요?"

그러고는 미팅마다 최소 3시간을 끌었다.

영업사원들이 실 가게에 도착할 때는(종종 몇 시간 늦게) 실로 가득한 여행 가방을 몇 개나 끌고 왔다. 진열대에 어떤 실이 놓여 있는지, 판매는 어떤지에 대해 대화를 마치고 나면 드디어 "쇼"가 시작된다.

그들은 계절에 맞는 새로운 실과 그 실에 어울리는 무늬를 하나씩 꺼냈다. 각 실마다 할당된 판매 실적이 있었는데, 가끔은 그게 너무 훤히 보여서 꼭 무대 맨 앞줄에 앉아 서커스를 보는 느낌일 때도 있었다.

"이번 시즌에 이 실은 꼭 있어야 해요!"

"방금 전에 방문한 실 가게에서는 이 실을 색깔별로 세 팩씩 가져갔어요."

"손님들이 이 실을 찾을 거예요."

"다른 회사에서도 이 실을 판다고 하는데, 그거 다 가짜예요."

"이 라인을 통째로 주문하시면, 이 스웨터 모델을 끼워 줄게요."

솔직히 말하면, 나는 표정 관리를 위해 꽤나 애를 써야 했다. 광고 회사에서 일할 때 고객에게 이런 식으로 접근했다면 분명 웃음거리가 됐을 것이다. 그들이 빤히 보이는 수법을 쓰는 것에 나는 모욕감마저 느꼈다. 이런 판매 방식이 다른 가게에서는 효과가 있었단 말이야? 사람들이 정말 여기에 속아 넘어간단 말이야? 업계에 대해 전혀 모르는 다른 실 가게 주인들이 이들의 말을 의심 없이 받아들였을 거라고 생각하니 정말이지 화가 났다.

하지만 동시에, 나는 이 영업사원들이 주어진 도구와 훈련을 통해 최선을 다하고 있다는 것도 깨달았다. 나는 고객들이 실을 충분히 체험해 본 뒤 구매할 수 있도록 다양한 체험 기회를 마련했고, 고객들과 진정한 관계를 구축하기 위해 열심히 일했다. 그 과정에서 적지 않은 실 회사들이 실제로 뜨개를 하지 않는 사람들(다시 말하지만, 대부분 남성)에 의해 운영되는 그저 유통 회사에 지나지 않는다는 사실도 알게 되었다. 그들에게 실은 상품이자 사업일 뿐, 그 이상은 아니었다.

하지만 실 회사 영업사원들을 많이 만날수록 나는 그들과 협력할 기회를 더 많이 발견했다. 업계에 영향을 미치는 여러 동향들을 높은 곳에서 내려다볼 수 있었다.

어릴 적 아빠가 알려준 공감 모자를 꺼냈다. 아빠가 아주 오래전에 내게 준 선물이었다. 모자를 써봤다.

나는 그들의 도전에 공감했다. 몇 주 간격으로 출장을 다니며 사업 경험이 거의 없는 실 가게 주인을 상대하는 것이 그들의 일이었다. 며칠이나 걸려 차를 운전해 가고 있는데, 미팅 몇 분 전에 약속을 취소한 실 가게 주인이 있었다는 이야기도 들었다. 전화나 이메일에 답이 없거나, 실 회사의 정책이 마음에 들지 않는다, 혹은 주문한 실이 늦게 도착했다는 이유로 영업사원을 소외시키는 것은 보통이었다. 어떨 때는 자기가 팔아야 하는 실에 관해 아무런 정보도 알지 못한 채 사무실 밖으로 내몰리는 영업사원도 있었다.

나는 영업사원들과 미팅할 때 가족, 희망 그리고 꿈에 대해 더 자주 대화를 나누기 시작했다. 루프에 대한 내 목표는 나날이 또렷해졌다. 나는 내가 왜 이 실을 우리 가게에 들이기로 했는지 그 이유를 영업사원들이 이해하기를 바랐다. 시간이 지날수록 미팅 시작 전 수다 시간이 길어지고 구매에 걸리는 시간은 짧아졌다. 나는 점점 더 정확하게 의견을 말하고 빠르게 결정을 내렸다.

작가이자 심리 전문가인 브레네 브라운은 이런 말을 했다.

"분명한 것이 친절한 것이다. 불분명한 것은 불친절한 것이다."

실 구매 계약에 관해 이보다 명백한 진리는 없다! 내가 원하지 않거나 필요하지 않은 실에 대해 마음껏 홍보할 기회를 주는 것은 시간 낭비였고, 궁극적으로 불친절한 일이었다. 내 요구가 정확히 무엇인지, 내가 좋아하는 것과 좋아하지 않는 것에 대해 영업사원과 구체적으로 이야기하는 일이 가능할수록 미팅은 더 효율적이고 생산적이었다.

내 친구 멜린다가 그녀의 아버지에 관한 이야기를 들려준 적이 있다. 멜린다의 아버지는 성공한 사업가인데, 가끔 그의 주문에 따라 생계가 좌지우지되는 상인들과 만날 때가 있다고 했다. 공급업체와의 영업 미팅이나 파트너와의 합병 미팅, 또는 그 밖의 어떤 협상이든 끝날 때가 되면 그는 이런 질문을 던진다고 했다.

"당신에게도 좋은 거래였나요?"

성공적인 사업 관계란 양쪽 모두에게 좋은 거래여야 한다는 사실을 그는 알고 있었다. 만약 공급자가 계약을 따내기 위해 물건을 일시적으로 저가로 판다면, 그는 장기적으로는 손해를 볼 것이다. 다음 시즌이 시작될 때쯤이면 그는 사업을 하고 있지 않을 가능성이 크고, 그 관계는 없던 일이 될 테니까. 일방적으로 이득을 보면 잠깐은 좋을지 모른다. 하지만 장기적으로 봤을 때는 이득이 아니다.

팀, 파트너, 공급업체와 공감하며 공평한 관계를 유지해야 하는 이유는, 그것이 올바르기 때문만은 아니다. 그것이 똑똑한 사업 방식이기 때문이다.

chapter 18

소셜 미디어

브랜더스 주식회사가 루프보다 2배 많은 수입을 올리고 있었기 때문에, 나는 두 사업을 계속 병행할 수밖에 없었다. 은행과 석유회사, 카지노를 위해 광고 카피를 쓰는 틈틈이 루프에 대한 광고 카피와 홍보 문구도 썼다. 고객을 제외하고는 감 놔라 배 놔라 하는 클라이언트 없이 브랜드 목소리를 개발한다는 것은 신나는 일이었다.

아주 건조한 주제에 관해 브로슈어 문구를 쓰고 난 뒤, 이에 대한 보상으로 자투리 시간을 활용해 루프의 카피를 생각하고는 했다. 메모장과 좋아하는 펜을 들고 앉아 뜨개에 관한 내 독특한 생각들을 마구 펼쳤다.

유일한 문제라면, 내가 만든 끝내주는 광고를 전통 미디어에 싣기에는 자본이 부족했다는 것.

나는 루프가 다른 사업에서 돈을 빌리거나 투자를 받는 방법이 아니라 자수성가한 회사가 되기를 바랐다. 그러다 보니 루프의 광고 예산은 적을 수밖에 없었다. 1년에 두세 번〈털사 월드〉에 광고를 내는 것이 고작이었고, 그것도 빅세일을 할 때만 광고를 했다. 광고업계 지인들에게 연락해 몇 번인가 파격적인 인쇄 광고를 시도한 적도 있고, 가끔 저렴한 지역 광고판에 소규모 광고를 내기도 했다. TV와 라디오는 언감생심이었다.

내가 기댈 언덕은 소셜 미디어라는 완전히 새로운 영역이었다. 페이스북에 대해 잘 알지는 못했지만, 한 가지는 알고 있었다. 무료라는 사실. 시도해서 잃을 건 없었다. 그래서 나는 다양한 종류의 게시물을 올려 실험을 했다. 대화 스타일, 대놓고 홍보하는 스타일, 스토리텔링을 가미한 스타일, 재미있는 비주얼을 결합한 스타일 등 페이스북이 선호하는 것들을 이리저리 시도했다. 아이디어들이 저절로 떠올랐다. 하루가 다르게 '좋아요'와 댓글이 아찔한 속도로 증가하는 것을 지켜보았다.

또 한 가지, 래벌리(Ravelry)라는 획기적인 웹사이트가 있었다. 래벌리는 2007년 도안과 실에 대한 정보를 찾다 좌절한 두 명의 뜨개인이 설립한 웹사이트로, 내가 가진 실 정보를 업데이트할 수 있고, 유료와 무료 도안을 다운로드할 수 있으며, 세계의 뜨개 애호가들이 서로 영감을 주고받으며 연결되는 장소였다. 그리고 각 디자이너의 팬들이 모이는 게시판, 특정 실 가게의 팬들이 모이는 게시판 등 뜨개에 관해 상상할 수 있는 모든 관심사에 대한 게시판이 있었다. 베타 프로젝트로 시작한 래벌리는 눈 깜짝할 사이에 700만 명 이상의 사용자를 보유해 상을 받았을 만큼 인기 사이트로 급성장했다. 디자이너들은 래벌리에 도안 가게를 열었고, 뜨개 산업 전체를 아우르는 플랫폼이 구축되기 시작했다. 도안 하나만 성공해도 무명의 디자이너가 하룻밤 사이에 자영업자가 되었다가 스타 디자이너가 될 수도 있었다.

게다가 초기에는 래벌리 광고 비용이 굉장히 저렴했다. 필요한 건 약간의 창의력과 약간의 모험심이었다. 그런 거라면 충분했다.

소셜 미디어의 멋진 점은 또 있었다. 오클라호마주 털사에 있으면 아무도 우리에게 관심을 주지 않았다. 털사의 북동, 북서쪽은 사막으로 가로막혀 있어서 뜨개 공방들은 문자 그대로 미국 한가운데에 고립되어 있는데, 이러한 지리적 약점을 돌파할 방법을 찾아야 했다. 뜨개인들은 중서부 특유의 분위기를 신선하고 친근하게 느끼는 것도 같았다.

초기 소셜 미디어의 성공을 바탕으로 우리는 새로운 온라인 스토어(loopsknitting.com)를 만들었다. 이것을 매장 내 재고와 연동하기에 성공했는데, 이는 제법 큰 성과였다. 알다시피 뜨개인에게 무척 중요한 것 중 하나가, 이 가게에 어떤 색의 실이 얼마나 있는지 정확히 아는 것이다. 만약 실 두 타래를 팔았다고 했을 때, 판매분을 곧바로 반영하지 않으면 다른 누군가가 온라인에서 스웨터를 뜨기 위해 여덟 개의 타래를 주문할 수도 있다. 이런! 그러면 그 가엾은 고객에게 이메일을 보내 실 재고가 부족하다는 사실을 알려야만 한다. 바람직한 고객 경험이 아닐 것은 분명하다. 따라서 온라인 스토어도 함께 운영하는 실 가게라면, 온라인과 오프라인 재고를 실시간으로 동기화하는 것이 중요하다.

그리고 또 한 가지 부인할 수 없는 사실이 있다. 딱히 기술이랄 만한 것이 요구되지는 않지만, 온라인에서 팔기에 실이란 꽤 까다로운 제품이라는 점이다. 보통 실 가게에는 수백 또는 수천 개의 실이 있고 섬유의 종류, 브랜드, 무게와 색상이 전부 다르다. 로트 번호가 제각각인 것까지 생각하면 그야말로 천차만별이라고 할 수 있다!

그리고 바늘은… 모든 뜨개인이 알고 있는 사실은, 아무리 많아도 늘 부족한 것이 바늘이라는 점이다. 같은 브랜드의 바늘이라도 다양한 사이즈가 나온다. 바늘 굵기는 0에서 50까지 있고, 바늘 길이는 6인치에서 60인치까지 다양하다. 거기에 막대바늘, 줄바늘, 조립식 바늘, 양말바늘, 나무바늘, 메탈바늘, 둥근바늘, 사각 바늘 등. 아마 바늘로만 채운다 해도 280평 정도쯤의 공간은 있어야 할 것이다.

나는 루프가 실 가게의 아마존이나 월마트 같은 역할을 할 수는 없다는 것을 알고 있었다. 우리는 다른 실 가게와 가격으로 경쟁할 만큼 기술적으로 정통하거나 규모가 크지 않았다. 우리가 힘을 발휘할 수 있는 영역은 큐레이션과 서비스였다. 우리의 비밀 무기는 도안과 꼭 어울리는 실을 결합하는 능력이었다. 유행과 뜨기 쉬운 디자인에 초점을 맞춘 다음, 평생 뜨개를 즐기는 친구에게 배우는 것과 비슷한 수준의 지원을 받을 수 있다는 것이 루프의 장점이었다. 루프의 고객들이 유행을 앞서가는 아름답고 창의적인 프로젝트를 찾느라 시간을 낭비하길 원치 않았다. 단지 뜨개를 즐기고, 완성하고, 입고, 선물하기를 원했다!

나는 온라인 스토어에서도 매장의 자랑인 Hot Loops Wall의 경험이 생생하게 구현되기를 바랐다.

초기에는 누가 봐도 다윗 대 골리앗이었지만, 결국 효과가 나타나기 시작했다!

우리의 온라인 존재감이 커지기 시작한 것이다. 온라인 스토

2012년부터 루프의 로고를 장식한 자동차를 운전하고 있다.
브렌트가 내가 뜬 스와치를 스캔해 자동차에 래핑을 해 주었다.

어를 연 첫해에는 루프 전체 매출의 약 1%를 차지했지만, 다음 해에는 5%였다. 그리고 무역 박람회에 참석했을 때, 전국 각지에서 모인 실 판매상과 다른 실 가게들이 갑자기 우리 이름표에 적힌 "Loops"를 알아보기 시작해 깜짝 놀랐다. 다들 우리를 알아보다니! 어쩌면 약간은 "유명한 실 가게"가 될 수 있지 않을까? 아마도 바로 그때쯤 페이스북과 래블리에서 이런저런 실험을 하고, 웹사이트를 구축하기 위해 낯선 기술과 씨름한 수많은 시간이 성과를 거두기 위해 꿈틀거리고 있었는지도 모른다.

chapter 19

나의 가치

　대학 졸업 후 첫 광고 대행사인 오닐에서 일할 때, 내 연봉은 1만 2천 달러였다. 하지만 엄마 집에서 나와야 했고, 결국 글랜스라는 털사 내 우범지대에 겨우 살 만한 아파트를 구했다.
　어릴 때 쓰던 매트리스를 두 겹으로 쌓아 침실을 만들고, 대형 가구점에서 꽃무늬 쿠션이 있는 300달러짜리 소파를 사 첫 아파트를 꾸몄다. 딱히 머물고 싶은 집은 아니었기 때문에 나는 늦게까지 일한 뒤 곧바로 재즈 체조 수업에 갔다가 집에 와서 샤워한 뒤 늘 먹는 라면을 후루룩 마시고 잠이 드는 습관이 생겼다. 그러고는 일찍 일어나 출근해서 쉴 새 없이 광고를 만들었다.
　매달 전기요금도 겨우 내는 판에 출근할 때 입을 옷을 산다거나 외식을 한다거나 드라이브를 가기 위해 차에 기름을 넣는 일은 그야말로 사치였다. 독립한 지 불과 몇 달 만에, 나는 내 앞가림을 제대로 할 수 없다는 사실을 깨달았다. 당시의 월급으로는 텔사 같은 비교적 생활비가 적게 드는 도시에서도 생활이 불가능했다. 그렇다고 집에 돌아가는 건 안 될 말이었다.

능력자 씨에게 상황을 설명하니 그는 이렇게 말했다.

"알아요. 터무니없는 월급이지만 오닐에게 당신을 고용하라고 설득할 때 내가 받아낼 수 있었던 최고 금액이 그거였어요. 당신이 더 많은 돈을 받을 자격이 있다고 직접 가서 말해 보는 건 어때요?"

23살짜리 직장인이 일을 시작한 지 6개월 만에 자신에게 더 큰 가치가 있다는 사실을 어떻게 증명할 수 있을까? 그때 퍼뜩 영감이 떠올랐다. 내게는 작업일지가 있었다.

나는 최신 작업일지를 펼쳐 들고 내 이니셜이 적힌 모든 작업에 표시하기 시작했다. 놀랍게도 80%의 작업에 내 이니셜인 SV가 적혀 있었다! 물론 능력자 씨와 다른 베테랑 직원들에게는 더 규모 있고 중요한 일이 배정되기는 했지만, 그래도 내가 회사 일의 80%에 참여해 왔다는 사실은 바뀌지 않았다. 내게는 무기가 있었다.

표시한 작업 목록으로 무장한 채 싸구려 검정 펌프스를 신고 저벅저벅 CEO의 사무실로 향했다. 그리고 사무실을 나올 때, 내 연봉은 3천 달러가 올라 있었다.

다음 해에는 그 사무실에 세 번을 더 드나들었고, 마침내 라면을 졸업해 린쿠진(냉동 다이어트 식품 브랜드)으로 바꾸고도 출근용 치마를 한 벌 더 살 수 있을 만큼의 연봉을 받을 수 있었다.

몇 해 동안 능력 있는 동료들을 지켜보며 놀란 것 중 하나는, 그들이 돈 문제에 관해 목소리 내기를 꺼린다는 사실이었다. 일을 잘하려고 이를 악물고 노력했지만, 그에 따른 보상이나 승진에 관해서는 말하기를 꺼렸다. 심지어 광고에서는 아이디어가 상품인데도, 더 나은 상품을 만드는 데에 도움이 될 적절한 조명이 있는 사무실로 옮겨달라는 말조차 꺼내기 어려워했다. 돈과 성장 기회를 논하는 것이 예술가의 체면을 깎아내린다는 오해는 그때나 지금이나 여전하다. 예술가의 굶주림을 낭만이라고 여기는 생각은, 자신의 창조력을 화폐 삼아 경력을 쌓고 사업을 이끌어 나가려는 창조자 모두에게 여전히 큰 해를 끼치고 있었다.

왜 아니겠는가. 우리를 세상에 내보이는 일, 그러니까 가슴 깊이 숨어 있는 창의력을 세상에 드러내기 위해 전시하는 일도 어렵지만, 우리의 진정한 가치에 대해 대가를 지불하려는 사람들에게 대담하게 다가가는 일도 쉽지만은 않다. 하지만 위축되면 상황은 더 안 좋아질 뿐이다.

수강료나 회원권 혹은 그림의 가격을 낮추는 일은 비교적 쉬운 선택지다. 손뜨개 작품에 대해 아무런 대가도 요구하지 않는 이유는 "그냥 TV를 보면서 뜬 것이기 때문"인 것처럼, 낮은 금액의 연봉을 받아들이는 이유는 급여가 그렇게 정해져 있을 거라 믿을 뿐 아니라 적은 급여를 받으면 최선을 다해야 한다는 부담감이 줄어들 것이라 생각하기 때문이다. 우리가 하는 일의 가치를 실제보다 낮게 책정함으로써 우리의 과오를 허용할 수 있는 한계는 커지고, 머리 위로 모루가 떨어질 가능성이 더 적어질 것이라 확신하는 것이다. 나 역시 급여를 올리기 위해 노력하고 있지만, 잘못된 사고방식에 굴복했던 시절의 나를 가끔 떠올린다.

루프를 운영하며 내 몫을 처음으로 가져가기까지 7년이 걸렸다. 나는 번 돈을 깡그리 사업에 부었는데, 이것은 내가 나에게 돈을 지불할 자격이 없다는 잘못된 믿음 때문이었다. 내가 카운터에서 실을 팔고 있지 않더라도 집에서 자료 조사와 구매 주문, 재무 관리, 이메일 보내기, 페이스북 홍보하기 등등 갖가지 일을 하고 있다는 걸 직원들이 알아주리라고 생각했지만, 기대처럼 되지는 않았다.

어떤 사업에 가치가 있다고 말할 수 있으려면 사업으로 번 돈을 월급으로 가져갈 수 있다는 사실이 증명되어야 한다는 회사 외부로부터의 지적을 받은 뒤에야 나는 아주 적은 돈을 정기적으로 가져갔다.

소심하게 굴기를 멈추고 내가 처음으로 내게 월급을 준 그날이 없었다면, 몇 년이 지난 뒤에도 나는 광고 사업가에서 뜨개 사업가로 완전히 탈바꿈하지 못했을 것이다.

루프를 운영하면서도 비슷한 일이 있었다. MSRP(제조업체가 제안하는 소매가격) 이하로 가격을 낮춰야 하나 고민하던 시기가 있었는데, 대규모 회사들이 서로를 끊임없이 과소평가하며 바닥으로 끌어내리기 경쟁에 몰두하는 온라인이라는 큰 바다에서 그들과 경쟁하려면 그렇게라도 해야 하나 싶었다. 하지만 당시 나는 고급스러운 고객 경험, 독점 제품, 믿음이 가는 큐레이션에 초점을 맞춘 프리미엄 브랜드가 되기로 결심했다.

덕분에 나는 소비자에게 공정하고 상품 가치에 맞는 가격을 책정할 수 있었다. 구매력을 내세워 불편한 계약을 맺는 대신 모두에게 유리한 계약으로 독립 염색사들을 지원할 수 있었다. 반복적인 할인과 세일을 중단하고, 충성고객에게 보상을 줄 방법을 적극적으로 제안할 수도 있었다.

요즘도 나는 엣시(etsy.com)에 스토어를 열거나 온라인으로 물건을 팔 때 어떻게 하면 일과 자신의 가치를 높일 수 있을까 고민하는 창작자들과 자주 만나는데, 그들과 대화를 나눌 때면 거의 항상 이렇게 격려한다. 스스로의 가치를 제대로 보라고, 처음부터 월급을 제대로 가져가라고, 최초 가격을 더 높게 잡으라고. 만약 자신을 과소평가하는 사람이 있다면 나는 이렇게 말하겠다. 당신이 스스로를 낮게 평가하는데, 남들이 어떻게 여러분의 가치를 높게 평가할 수 있을까? 월급, 급여 인상, 판매가, 주문 제작 수수료까지 돈이란 결국 감사를 표현하는 방식이다. 지금 당장은 돈이 필요하지 않을 수 있고, 아마 더 적은 돈으로도 그럭저럭 살 수 있을 것이다. 하지만 부디 자신에게 솔직해졌으면 한다. 작업을 해나가는 창작자로서 우리에게는 긍정적인 평가가 필요하다. 그것은 연결의 한 형태이다. 식물에게 물과 햇

빛이 필요하듯, 인간 특히 우리와 같은 창작자에게 돈은 절대적으로 중요하다. 영감을 유지하고, 번성하고, 앞으로 나아가기 위해 우리 모두에게는 연결이 필요하다.

앞으로 나아갈 때 기억해야 할 것 :

완벽하기 위해 하는 것이 아니라, 그저 하는 것이다. 완벽해야 한다는 생각은 애초에 덮어두자. 뜨개인에게도 창조적인 기업가에게도 도움이 되지 않는다. 작은 목표를 세운 다음, 목표를 이루었을 때 그걸 확인하고 축하하는 시간을 갖자. 너무 어려울 것 같다면 목표를 더 작게 만들면 된다. 스스로에게 이렇게 묻자. 내가 오늘 목표를 이루기 위해 실천할 수 있는 가장 작은 단계는 무엇일까? 어쩌면 한 단어로 족할지도 모른다. 이를테면 한 코 뜨기처럼. 심지어 어떤 날은 그저 침대에서 일어나는 것일 수도 있다. 잊지 말자. 완벽하기 위해 하는 것이 아니라, 그저 하는 것이다.

당신은 생각보다 많은 에너지를 갖고 있다. 인내와 성취에 대한 인간의 능력은 무한하다. 당신의 내면에는 한 번도 써본 적 없는 깊은 에너지 우물이 있다. 짓궂은 인생이 갑자기 주먹을 휘두를 때, 두려움에 지배당해 마음이 헛도는 것 같을 때, 어떻게 헤쳐 나가야 할지도 모르겠고 앞날이 어떻게 될지도 가늠이 안 될 때, 이 또한 지나가리라는 사실을 잊지 말자. 심지어 그 일은 꿈인지조차 몰랐던 여러분의 꿈을 실현하는 데에 지대하게 공헌할 촉매제가 될지도 모른다.

결심을 굳히자. 여행을 시작하거나 어떤 일의 다음 단계로 나아가기 전에 깊이 생각하는 시간을 갖자. 당신 안에 숨은 힘을 그러모으자. 당신이 세운 계획, 비전, 대담한 목표들을 말로 표현하고 글로 적은 다음, 눈에 잘 띄는 곳에 걸어 두자. 그리고 그 결심을 현실로 만들자. 자물쇠를 단단히 잠근 뒤 열쇠를 버리는 것이다. 당신의 의지가 시험대에 올랐을 때(장담컨대 이런 일은 꽤 자주 있을 것이다), 처음 당신의 마음에 불을 지폈던 곳으로 항상 돌아갈 수 있을 것이다.

모두에게 좋은 거래인지 확인하자. 얼핏 중요해 보이지 않는 거래도 시간이 지나 아주 중요한 씨앗이었던 것으로 판명될지도 모른다. 당신의 운명을 결정지을 파트너십으로 성장하는 씨앗이 될 수도 있다. 이것은 공감 근육을 키울 수 있는 가장 좋은 방법이기도 하다. 먼저 상대방의 입장이 되어본 뒤 그에 따라 행동하자.

나를 응원하자. 월급 인상을 요구하거나 판매하는 제품의 가격을 올리는 일은 스스로 나를 받아들이는 일이기도 하다. 상사가 월급 인상을 승인하거나 고객이 높은 대가를 지불할 때마다, 내

가치뿐 아니라 내 창의력도 인정받는 셈이기 때문이다. 그런 검증은 더 많은 창의력으로 돌아올 것이다. 입에서는 말이 술술 나오고, 손으로는 코가 술술 떠지는 경험. 창조적인 불꽃은 계속해서 타오를 것이다. 불꽃이 꺼지기 전에 내 손으로 그걸 끌 필요는 없다.

세 번째 움직임.

일이
잘
안 풀릴 때

chapter 20

개구리 연못

많은 뜨개인이 소위 "푸르시오"를 두려워한다. 푸르시오란 일이 잘못됐을 때, 그러니까 뜨다가 너무 큰 실수를 저질러 틀린 부분까지 혹은 전부 풀어야 할 때 쓰는 뜨개 은어다. 뜨개를 하다 보면 가끔 무언가가 잘못되고 있다는 걸 직감적으로 느끼지만, 그럼에도 풀지 못하고 계속 뜰 때가 있다. 내 직감이 맞았음을 확인하기가 두렵고, 뒤돌아 잘못된 부분을 마주하기를 두려워한다.

마침내 실수를 마주하고 인정했을 때, 우리는 며칠 또는 몇 주에 걸쳐 뜬 편물을 무로 돌리고 틀린 부분까지 풀어야 한다. 많은 뜨개인이 개구리 연못으로 떠나는 여행을 그토록 두려워하는 이유가 여기에 있다.*

---

* 영어에서는 개구리의 울음소리를 rip it, rip it이라고 표현하는데, 이 소리가 마치 전체를 다 푼다는 뜻의 rip과 비슷해서 영미권에선 푸르시오를 frog(개구리)라고 부른다.

하지만 자신만의 여정을 떠난 뜨개인들이 푸르시오라는 행위에 얼마나 많은 가치가 담겨 있는지 발견하고 놀라는 것도 분명 사실이다. 풀고 다시 뜨는 행위, 그 과정 자체가 우리에게 많은 것을 가르쳐준다. 실의 성질에 대해, 실이 어떻게 얽혀 편물을 만드는지에 대해, 기법을 어떻게 개선할 것인가에 대해, 무엇보다도 인내심에 대해서 그렇다.

어쩌면 우리는 이런 것들을 배우지 못할 수도 있고, 성장하지 못할 수도 있다. 애초에 어려움에 직면하지 않는다면 말이다.

포드 에이전시에서 첫 인턴십을 마친 해 여름, 나는 ESPN을 주요 고객사로 둔 털사의 대형 광고 대행사에서 훨씬 그럴듯해 보이는 인턴십을 하게 됐다. 봄방학 무렵 면접을 보러 이 회사의 문을 당당히 걸어 들어갔을 때, 사실 나는 엄청나게 겁먹은 상태였다. 포드 에이전시가 여성 천국이었다면, 이곳은 남자들의 동굴이었기 때문이다. 높은 천장, 유리와 크롬 소재 인테리어, 거기에 르로이 네이만(LeRoy Neiman)의 진품 그림들이 사방에 가득했다. 크고 어두컴컴한 스위트룸에서 편집자들은 화면과 장비에 둘러싸인 채 앉아 있었고, 클라이언트들은 커다란 가죽 소파에 눕다시피 앉아 마티니를 홀짝였다.

1층 뒤쪽으로는 소박한 간판이 하나 서 있었는데, 포드 에이전시 소속 작은 광고 대행사의 것이었다. 듣자 하니 포드 에이전시 오너가 기존에 계약했던 광고 대행사에 싫증이 나 직접 대행사를 차렸다고 한다. 그 회사의 직원은 한 명이 전부였는데,

자칭 크리에이티브 디렉터인 그를 나는 존이라고 부르겠다.

당시 대학교 2학년이었던 내가 과장된 미소를 띤 채 존의 사무실을 박차고 들어갔을 때, 존은 황갈색 렌즈의 안경 너머로 나를 재빨리 훑어보았다. 의지와 상관없이 떨리는 것을 어찌지 못했고, 얼굴에서 미소가 사라지는 것이 느껴졌다. 내가 예민한 건가? 저 사람이 지금 나를 위아래로 훑어보는 게 진짜야? 설마. 그는 프로인걸. 게다가 나이도 많잖아. 나는 불편함을 억누른 채 포트폴리오를 꺼내기 시작했다.

"몇 살이죠?"

존이 첫 질문을 던졌다. 나는 눈을 내리깐 채 재빨리 대답했다.

"열아홉 살이요."

대화 주제를 포트폴리오와 글쓰기 경험으로 돌렸으나, 그의 시선은 여전히 포트폴리오가 아닌 나를 향해 있다는 걸 알 수 있었다. 인터뷰는 한 시간 넘게 계속됐다. 내가 가진 모든 경고음이 요란스럽게 울려댔다. 그의 질문은 처음에는 하고 싶은 일에 관한 것이었다가 차츰 내 대학 생활, 취미, 남자친구에 관한 것으로 바뀌었다. 그리고 그가 말했다.

"이 부서에서는 우리 둘만 일할 거예요. 내가 시간을 내서 당신을 가르치게 된다면, 우리 꽤 잘 맞을 것 같은데요."

내 직감이 어서 도망치라고 소리쳐댔다. 하지만 절호의 기회인 것도 사실이었다. 주변에 다른 사람도 분명 있겠지. 내가 신호를 잘못 읽은 거겠지. 실제로는 내 책상에서 대부분의 시간을 보내며 광고를 만들고 상황을 통제할 수도 있겠지. 그날 사무실을 나올 때 존의 입에서 술 냄새가 났던 것은 착각이었겠지.

뭔가를 배운다는 관점에서 인턴십은 엄청난 경험이 맞았다. 글쓰기 능력을 증명할수록 나는 더 많은 일을 하게 됐고, 내 포트폴리오는 비약적으로 성장했다. ESPN과 같은 클라이언트를 이력서에 추가하게 됐는데, 무슨 불만이 있을까. 하지만 이 모든 교육에는 분명한 대가가 따랐고, 굳이 배우지 않아도 괜찮았을 교훈도 몇 가지 얻었다.

존은 낮술을 점점 많이 마시는 게 분명했다. 그는 한 번 자리를 비우면 오랫동안 돌아오지 않았는데, 그것은 내가 더 많은 작업을 처리하고 더 많은 일을 해낼 수 있다는 것을 의미했기 때문에 썩 나쁘지 않았다. 문제는 그가 사무실에 있을 때였다. 그때 내가 주로 배운 것은 요리조리 피하는 기술이었다.

그는 나를 자신의 사무실로 오게 한 뒤 문을 닫고 이야기를 시작했는데, 주로 무언가에 대한 불평이었다. 소재는 다양했다. 상사나 출근길 교통 체증을 일으킨 나쁜 놈이나 이혼한 아내까지. 나는 지금 진행하고 있는 일이나 내가 고민 중인 콘셉트, 편집 방식에 관한 것으로 대화 주제를 바꾸려 노력했다. 나는 일 이야기를 하기 위해 밀당을 해야만 했고, 존은 개인적인 주제를 끌어내기 위해 밀당을 했다.

가끔 존이 개인적인 이야기를 시작하면 몇 시간은 훌쩍 넘어가곤 했다. 그때마다 나는 다른 생각을 하거나 복도를 드나들거나 무릎 위에 놓인 서류를 내려다보고는 했다. 나를 보는 그의 시선을 생각하면 소름이 끼쳤다. 어떤 날은 내가 자리에서 일을 하고 있는데 어디선가 시선이 느껴져 고개를 드니, 그가 복도 맞은편에 서서 나를 말 없이 바라보고 있었다.

이걸 읽은 여러분이 내가 #MeToo에 참여하기를 바랐는지도 모르겠지만, 일이 그렇게 되지는 않았다. 그가 내게 키스를 하거나 신체를 만지려 한 적은 한 번도 없었다. 다행히도 그런 행동을 하기에 그는 너무나 영리했다.

하지만 좌불안석은 계속됐다. 한 시도 하루도 빠짐없이. 길을 잘못 들어섰다 싶을 때는 가진 패를 뒤집어 바깥에 드러나도록 하는 것이 방법이 된다. 그것이 무기가 될 것이다. 눈이 커지고 맥박이 빨라지고 경계 태세가 강화될 것이다.

존과 밀당 아닌 밀당을 하면서 나는 창의력이 고갈되어 가는 것을 느꼈다. 누군가는 그런 압박감을 견디어 냈기에 내가 더 단단해졌고, 덕분에 더 나은 작가가 되었다고 말할지도 모른다. 그랬을 수도 있다. 하지만 몇 달 뒤, 여름 인턴십이 끝나고 겨울 방학을 맞아 털사에 있는 집으로 돌아왔을 때 집에 있던 공주풍 전화기가 울렸다.

"안녕, 셸리, 나 존이야."

그는 여름 내내 내게 데이트 신청을 하고 싶었지만, 상사로서 나를 일로만 대해야 한다고 생각해 다가오지 않았다고 말하며 이렇게 덧붙였다.

"이제 우리 회사에서 일하지 않으니까, 시도라도 해보지 않으면 후회하겠더라고."

그는 40대였고 나는 19살이었다. 속이 메스꺼웠다. 그 모든 경고들, 내가 상상이라고 믿고 싶었던 모든 감정들은 현실이었다. 무엇보다 그의 말은 내 능력을 의심하게 했다. 그는 내 포트폴리오를 보고 나를 뽑은 게 맞을까. 인턴십을 하는 동안 정말로 내 글이 좋다고 생각했을까. 아니면 줄곧 어떤 일탈적인 로맨스를 꿈꾸고 있었던 건가. 나는 그에게 남자친구가 있다고 말하고는 정중히 거절했다. 그리고 화장실로 가 구토를 했다.

그날 이후, 미친 광고업계에서 일을 계속하려면 내 직감에 더 세심하게 주의를 기울이는 법을 배워야겠다고 생각했다. 아무리 흔치 않은 기회라 해도, 내 커리어를 위해 아무리 간절히 열망한 자리라 해도, 심지어 겉으로 보기에는 모든 일들이 이치에 맞게 돌아가고 있는 것처럼 보일 때조차도 내 마음속 작은 목소리가 뭔가 이상하다고 경보음을 울린다면, 나는 그 목소리에 주파수를 맞추고 귀 기울이기로 했다.

3년 후 오닐에서 나는 존의 경험으로부터 배운 것을 적용할 수 있는 첫 번째 기회를 만났다. 그날은 한 번도 만난 적 없는 중요한 클라이언트가 사무실을 방문하기로 한 날이었다. 회사 대표에게 이번 미팅에 참석할 수 있게 해달라고 사정해 얻은 기회였다. 클라이언트가 도착한 소리, 담당 임원이 그와 인사 나누는 소리, 그들이 다가오는 소리가 들렸다. 그리고 마침내 클라이언트를 맞이하기 위해 나는 자리에서 일어섰다.

"서로 인사하시죠. 이쪽은 셸리, 이쪽이 내가 말한 클라이언트에요. 셸리는 최근 TCU를 졸업한 열정 넘치는 신입이고 훌륭한 작가예요. 우리는 몸짱 셸리라고 불러요."

나를 뭐라고 부른다고? 얼굴이 토마토처럼 빨개지는 것을 느꼈다. 중학교 시절 이후로 그렇게 심한 홍조를 느낀 적이 없었다. 대표가 나를 몸짱이라고 소개한 게 진짜야? 평정을 되찾으려 애썼다. 대표와 클라이언트는 그런 별명을 얻은 게 자랑스럽지 않냐는 눈빛으로 웃으며 나를 바라보았다

나는 그 회의에서 많은 말을 할 수 없었다. 그저 웃고 고개를 끄덕이며 생각했다. 그저 미팅이 어서 끝났으면 하고. 하지만 미팅은 그렇게 쉽게 끝나지 않았다. 한 남성 클라이언트가 회의실에 들어섰을 때(모든 클라이언트가 남성이라는 사실을 그제야 알아차렸다), 대표는 다시 같은 방식으로 나를 소개했다. 하지만 이번에는 내 직감에 귀를 기울이고 있었고, 준비가 되어 있었다. 나는 고객에게 악수를 제안한 뒤 그의 눈을 똑바로 바라보며 말했다. "그냥 셸리라고만 불러도 돼요." 그러고 나서 대표에게 날카로운 시선과 함께 자신만만한 미소를 지어 보였다. 회의는 훨씬 잘 풀렸고, 그렇게 내 "별명"은 과거가 됐다.

이 일을 계기로 나는 앞으로 눈과 귀를 계속 열어두어야겠다고 생각했고, 예의 그 메스꺼운 감정이 올라오면 그 자리에서 말하기로 결심했다. 내 창의적인 아이디어를 어필하는 것보다, 은밀하고 노골적인 성차별을 인지하고 문제 삼는 일이 훨씬 어렵다는 사실을 알았다. 그렇다고 무시하고 덮어두었을 때, 그 일이 업무 전반을 어떻게 오염시키는지도 알았다. 뜨개 용어로 말하자면, 옷을 뜨다가 문제점을 발견했다는 이유로 옷 뜨기를 통째로 포기한 뒤 다시는 그 프로젝트를 꺼내보지 않게 되는 격이랄까.
　이것은 꼭 풀어야 하는 문제다. 중요한 것은 과거의 관습을 잊고 다시 뜨는 일이다. 그러한 직감은 거의 본능처럼 느껴질 때까지 끊임없이 훈련해야 하는 일종의 근육과 같다.

chapter 21

푸르시오의 순간

애드버타이징 인코퍼레이션에서 일하며 오클라호마 천연가스라는 거물급 거래처에 대한 내 실력을 입증한 뒤 나는 쓰리프티 카 렌탈도 담당하게 되었고, 그 일을 정말로 즐겼다. 나는 쓰리프티 카 렌탈을 담당하는 보조 작가로 이름을 올렸다. 메인 작가인 스티브는 큰일 대부분을 처리했고, 나는 덜 중요한 일을 처리했다. 하지만 천천히 더 큰 과제를 향해 나아가기 시작했다. 그리고 그러한 노력이 영향력을 갖기 시작했다. 우리 지역 광고제에서 상을 받게 된 것이다. 그 일은 회사의 수익에 실질적인 영향을 미쳤다. 내 광고가 전국에 있는 자동차 렌트 회사에 걸림으로써 드디어 이렇다 할 만한 결실을 거둔 것이다.

정말 멋진 일이었다. 실은 거의 멋질 뻔했다. 한 가지 아쉬운 점이 있다면, 그 광고를 내가 만들었다는 사실을 클라이언트가 전혀 몰랐다는 것뿐. 심지어 광고제 크레딧에도 메인 작가의 이름만 기재되어 있었다. 내 이름은 눈을 씻고 찾아봐도 없었다.

도카스에게 이 일에 대해 물으니 그녀는 이런 대답을 들려주었다. 쓰리프티 담당자이자 애드버타이징 인코퍼레이션의 대표인 테드가 광고 하나에 여러 명의 작가가 개입하는 것을 좋지 않게 생각한다고. 테드는 대표였으므로 우리 둘 다 그와 싸우는 것은 현명한 일이 못 된다는 사실을 알고 있었다.

하지만 나는 클라이언트 회의에 참석하고 싶었고, 그래서 끊임없이 요청했다. 클라이언트가 겪은 자동차 렌트 경험과 고충과 포부에 대해 더 많이 알고 싶었다. 미팅에 한 번만 참석해도 광고 캠페인을 훨씬 잘 만들 수 있을 것 같았다.

마침내 기회가 왔다. 쓰리프티 팀 전체와 함께하는 회의가 잡힌 것이다. 내가 구상과 글쓰기에 중요한 역할을 했던 광고를 두고 대형 프레젠테이션이 열릴 예정이었다. 나는 나보다 몇 살 많지만, 광고 회사에 입사한 지는 얼마 되지 않은 여성 아트 디렉터와 함께 일했다. 우리가 그 프레젠테이션의 메인 팀은 아니었지만, 프로젝트의 중요성을 인식한 회사 측에서 사내 다른 직원들에게도 프레젠테이션에 참가하도록 결정한 것이었다. 작가 한 명과 디자이너 한 명으로 구성된 세 개의 팀이 만들어졌다.

로즈와 나는 말하자면 바람잡이 같은 존재였다. 아무도 우리가 승리할 것이라고 예상하지 않았다. 그래서 우리는 더 대범하게 나가기로 했다. 잃을 건 없었으니까.

우리가 만든 광고에는 자동차 사진이 전혀 등장하지 않았다.

대신 첫 번째 광고에는 이멜다 마르코스의 얼굴 사진을 크게 실은 뒤 신발에 관한 카피를 덧붙였다. 출장을 갈 때 차를 빌리는 여성 임원들이 증가하는 트렌드를 반영해 클라이언트의 관심을 끌기 위해 만든 광고였고, 당시에는 전문 용어를 몰랐지만 이런 걸 패턴 깨기(Pattern Interrupt)*라고 부른다는 사실을 나중에 알았다. 놀랍게도 거래처는 우리의 콘셉트에 매우 흥분했다. 우리 회사가 쓰리프티 카 렌탈 광고에 얼마나 역량을 집중하고 있는지를 클라이언트에게 보이기 위해 결국 회사 내 모든 팀이 회의에 참석하게 되었다.

회의가 시작되기 전 도카스의 사무실에서 나눈 대화가 떠올랐다. 나는 도카스에게 겁이 난다고 털어놓았다. 정말이지 너무 떨렸다. 도카스에게 대규모 미팅에서 떨지 않고 버틸 수 있는 정신력을 어떻게 길렀는지 물었고, 그녀는 결코 잊을 수 없는 말을 들려주었다. 생방송이나 강연이 있을 때면 나는 지금도 그녀의 말을 떠올린다.

"강심장? 그런 게 어디 있어? 말해줄까? 난 매번 대형 프레젠테이션이 있기 전에 화장실에 가서 구토를 했어! 그런 다음 회의장에 들어가서 끝내주게 프레젠테이션을 마치고 나왔지. 너도 그렇게 하게 될 거야. 구토는 빼고."

도카스 같은 사람도, 그토록 당당하게 수십 년의 경력을 이어

---

* 심리학에서 상대방의 내적 패턴, 심리적 패턴을 깨트려서 행동이나 말을 하게 하는 기법을 말한다.

온 사람도 대형 미팅이 있기 전에 여전히 긴장한다는 사실이 믿을 수 없을 만큼 큰 힘이 됐다. 그렇게 나는 도카스의 경험담을 발판 삼아 기가 막힌 광고를 만들어낸 20대 후반 특유의 자신감으로 단단히 무장한 채 회의실로 향했다. (다행히 화장실 부분은 건너뛸 수 있었다.)

다크우드 톤 회의실에는 큼지막한 가죽 회전의자가 놓여 있었고, 회의실은 금세 사람들로 가득 찼다. 먼저 담당 팀이 크리에이티브 디렉터인 토드와 함께 전반적인 콘셉트에 관해 발표하기로 했다. 다른 사람들은 머릿수를 채움으로써 우리 회사가 이 프로젝트에 얼마나 많은 시간과 노력을 들이고 있는지 드러내야 했다. 나는 이 모든 일들이 클라이언트가 매달 지불하는 막대한 의뢰 비용에 부합하기 위한 것이라고 생각했는데, 알고 보니 그저 클라이언트의 자존심을 세워주기 위한 행위에 지나지 않았다.

쓰리프티 사의 대표가 보조 팀원들에게 둘러싸인 채 건물 안으로 들어섰다. 잠시 후 그가 안내 직원에게 고함치는 소리가 들렸고, 곧이어 그가 방으로 들어오는 모습이 보였다. 그를 만나는 것은 이번이 처음이었지만, 그에 관한 소문은 익히 들어 알고 있었다. 과연 그는 시도 때도 없이 버럭버럭 소리를 질러대는 사람이었다.

회의실 안이 조용해졌다.

담당 팀장이자 대표인 테드가 일어나 목청을 가다듬고 발표를 시작했다. 프로젝트에 관한 기본 전제들을 설명했다. 당면 과제, 대상 타깃. 광고가 전달해야 할 핵심 메시지까지. 그런 뒤 크리에이티브 디렉터인 토드가 자리에서 일어나 자동차 렌트에 관한 농담을 몇 가지 시도했지만, 쓰리프티의 대표에게는 먹히지 않았다. 클라이언트의 몸짓 하나하나가 이렇게 말하고 있었다. "그냥 본론으로 넘어가."

결국 토드는 거대한 프레젠테이션 보드들을 꺼냈다. 여러 광고를 스프레이 접착제로 겨우겨우 붙인, 두껍고 무겁고 시커먼 보드였다.

그는 우리 회사에서 가장 실력 좋은 팀이 만든 광고로 프레젠테이션을 시작했다. 팀 멤버 두 사람은 사내에서 나이가 가장 많기도 했는데, 그 팀의 작품은 커다랗고 반짝이는 자동차 사진과 큼직하고 대범한 헤드라인으로 이루어져 있었으며, 카피는 클라이언트사가 내건 가치를 부드럽게 잘 담고 있었다. 토드가 광고를 선보이는 동안, 쓰리프티의 대표는 아무 말 없이 그저 바위처럼 무표정하게 있었다.

"다음 광고들은 우리가 어디까지 상상해 볼 수 있는지 보여드리는 와일드카드 정도로 생각해주시기 바랍니다."

쓰리프티 대표의 눈썹이 아주 약간 움직였다. 그가 말했다.

"흥미롭네요. 다른 것도 있었나요?"

있고 말고요. 토드가 광고 두 개를 더 선보였다. 첫 번째 광고보다 훨씬 독특한 광고들이었다.

"이게 좋네요."

쓰리프티 대표가 선언하듯 말했다.

"정말요? 다, 다행입니다."

토드가 놀라 물었다.

회의실 전체가 충격으로 휩싸이는 게 느껴졌다.

"이거 누가 만들었나요?"

쓰리프티 대표가 물었다. 아, 아닌데, 이게 아닌데. 세상에. 방 안에 있는 모두가 나를 바라보았다. 알았어, 셸리. 침착해. 할 수 있어. 내가 조심스럽게 손을 들었다.

"제가 했습니다. 로즈와 함께요."

그가 천천히 내 쪽으로 고개를 돌렸다.

"누구죠?"

그가 방 전체에 들리게끔 크게 물었다.

"저는 셸리라고 합니다. 사실 지난 1년 동안 쓰리프티 카 렌탈 광고를 담당해 왔어요."

나는 내가 쓴 광고 몇 가지를 언급했다. 그 광고들은 상을 받았고, 매출도 꽤 성장시킨 바 있었다.

회의실 안에 적막이 돌았다. 내가 준 새로운 정보에 대해 쓰리프티 대표는 깊이 생각하는 것 같았다. 내가 듣고 싶은 말이 뭐였는지 잘 모르겠다. 아마도 "고맙군요"라든지 "당신 정말 능력이 뛰어나군요" 아니면 "이분 월급 좀 올려줘요" 같은 말이었을까. 하지만 그날의 충격을 나는 절대 잊지 못한다. 쓰리프티 대표는 토드에게 고개를 돌리고는 이런 대사를 마지막으로 날렸다.

"광고 아주 훌륭해요. 이걸로 하죠. 그런데 이 어린 여자애는 우리 회사 담당 팀에서 빼세요. 차를 렌트할 나이도 안 됐잖아요."

그건 분명 푸르시오의 순간이었다. 내가 마치 크게 한 발 뒤처진 것처럼 느껴졌다. ("엄마, 나도 해봐도 돼? 아니, 넌 안 돼.") 하지만 지금 생각해 보면 쓰리프티 대표와 함께 이사회에서 있었던 그날은 내게 분명 선물이었다. 틀린 부분까지 풀고, 내가 어디에 와 있는지 점검하고 다시 시작할 수 있는 기회였으니까.

그날, 나는 카피라이터 사업을 시작하는 일에 대해 진지하게 생각하기 시작했다.

chapter 22

인생의 우선순위

유티카 스퀘어에 루프 1호점이 문을 열기 바로 전 일요일, 나는 가게에 있었다. 새 컴퓨터를 연결하려던 참에 전화 한 통을 받았다. 좋은 내용이 아니어서 잘못 걸려 온 전화가 틀림없다고 생각했다. 수화기 너머의 갈라진 목소리는 자신을 구급차 운전기사라고 소개했다.

"셸리 브랜더 씨세요?"

"네."

"남편분을 세인트 프란시스 병원으로 옮기고 있어요. 그쪽으로 오세요."

가게에서 나와 차에 뛰어올랐다. 고속도로를 달리며 이렇게 되뇌었다. 천천히 가, 가게 문 열기도 전에 큰일 나면 안 돼! 병원에 도착해 남편이 어디에 있는지 물었지만, 돌아오는 것은 갸우뚱하는 표정뿐이었다. 데스크의 간호사는 이렇게 말했다.

"브렌트 브랜더 씨는 여기에 안 계신데요."

간호사가 뭔가를 놓친 게 아닐까 싶어 황급히 말을 덧붙였다.

"방금 구급차 기사분이 전화를 주셨어요. 남편이 분명 여기에 있을 거예요."

내 말에 간호사가 수화기를 들고 여기저기에 전화를 걸었다. 그녀는 여전히 이상하다는 표정이었고, 내게 앉아서 기다리겠느냐고 물었다. 하지만 나는 이미 겁에 질려 있었다. 남편이 어딘가의 지하실에서 혼자 죽어가고 있는 게 분명하다고 확신했을 때 간호사가 말했다.

"찾았어요!"

남편은 털사 교외 브로큰 애로우에 있는 인디언 스프링스 컨트리클럽에서 테니스를 치다가 구급차에 실려 세인트 프란시스 남부 병원으로 옮겨진 상태였다. 세인트 프란시스 남부 병원은 문을 연 지 얼마 되지 않은 병원이었다. 그래서 혼선이 있었던 모양이었다.

남편의 소재지를 파악한 뒤에야 나는 자초지종을 알게 됐다. 남편은 복식 3세트 막판부터 가슴에 통증을 느끼기 시작했다. 다행히 상대 팀 멤버 중 한 명이 심장외과 의사였던 덕분에 심방세동의 징후를 즉시 알아차렸다. 하지만 그는 남편이 경기에서 이기려고 꾀병을 부리는 줄 알았던 모양이다. 결국 통증은 목 위로까지 퍼졌고, 증상이 진짜라는 것을 알게 된 뒤 경기를 중단하고 구급차를 부른 것이었다.

남편은 혈압이 엄청나게 높은 것으로 밝혀졌는데, 나중에 들어보니 수면 무호흡 때문이었다. 다음 날 아침까지 증세가 완화되지 않으면 충격요법을 실시해 심장이 원래의 박동을 찾을 수 있게 조치를 취해야 했다.

새벽 5시쯤, 브렌트의 침대 옆에 있는 보조 의자에 앉아 잠이 든 나는 날카로운 알람 소리에 눈을 떴다. 모든 기계들에 빨간 불이 깜빡였다. 나는 다시 당황했다. 간호사가 와서 보더니 혈압이 너무 떨어졌다고 했다. 잠시 후 남편의 심장이 자연스러운 리듬을 되찾은 것처럼 보였다. 나는 안심하고 집으로 향했다.

남편에게도 분명 두려운 경험이었지만, 덕분에 근본적인 문제를 발견한 것은 다행이라고 했다. 내게 이 일은 무언가를 다시 설정하라는 우주의 거대한 메시지처럼 느껴졌다. 다른 접근이 필요한 게 분명했다. 나는 인생의 우선순위를 다시 매기고 가족을 맨 위에 두었다.

루프 1호점 오픈을 준비하면서 내가 얼마나 에너지를 고갈시켰는지 느껴졌다. 재고와 실 선반, 직원 관리와 마케팅이 내 하루를 전부 차지했다. 마지막으로 가족들과 식사하기 위해 시간을 낸 게 언제였더라. 남편과 내가 사업이 아닌 대화를 마지막으로 나눈 게 언제였더라.

몹시도 소중했던 그날, 나는 내 사업에 무슨 일이 일어나든 우리가 건강하지 않다면, 혹은 서로가 그 자리에 없다면 모든 것이 순식간에 무너질 수 있다는 사실을 깨달았다. 가족들이 나를 원할 때 내가 곁에 없다면 실 한 타래를 파는 일이 무슨 소용

일까. 아이들과 책을 읽고 매일 밤 자장가를 불러줄 시간이 없다면 교육비를 벌어다 주는 대기업 클라이언트가 다 무슨 소용일까.

chapter 23

북쪽 vs 남쪽

수많은 실패담이 그렇듯, 당시에는 그 일도 꽤 말이 되는 것처럼 보였다.

2012년에 루프는 창업 6주년을 맞았다. 가게가 잘되어 온라인 매출이 성장하고 있었음에도 나는 여전히 월급을 가져가지 못하고 있었고, 여전히 남편과 광고 대행사를 병행하고 있었다. 보상이 필요했다. 광고 대행사를 그만둬도 될 만큼 충분한 현금을 루프를 통해 확보할 방법을 찾아야 했다. 당시 털사에서는 도시를 동서로 가르는 도로 건설 공사가 한창이었다. 엎친 데 덮친 격으로, 주요 남북 간선도로마저 공사 중이라 교통 상황은 엉망이었다.

털사는 소설 〈두 도시 이야기〉의 배경 도시 같았다. 중부와 북부 털사가 하나로 묶이고 맞은편에 남부 털사가 있었다. 1-44번지의 북쪽에 사는 사람들은 남쪽으로 가고 싶어 하지 않았다. 남쪽 사람들은 북쪽으로 가는 것을 원하지 않았다. 털사의 뜨개인들도 다른 털사인과 마찬가지로 이것에 관해 강한 의견을 갖고 있어서, 가게에서는 종종 열띤 토론이 벌어지고는 했다. 1-44번지 너머로 끊임없이 확장되는 교외 지역을 커버할 "루프 남부점"을 만들어 달라는 요청이 점차 많아졌다. 그중 적지 않은 사람들이 10분 넘게 공사 현장 곁을 운전해야 하는 수고로움을 피하기 위해 온라인으로 주문하고 있었다.

여러 개의 점포를 운영하고 궁극적으로는 프랜차이즈로 도약하는, 내가 꿈꿔왔던 계획을 시험해 볼 좋은 기회였다. 일단 털사 남쪽에 루프 2호점을 만들기로 했다. 프랜차이즈로 확장할 경우 일 처리를 쉽게 하기 위해 모든 과정을 문서화하고 체계화했다.

창의력 면에서 가장 짜릿했던 일은, 미리 설정된 레이아웃이나 장식에 구애받지 않고 그야말로 아무것도 정해지지 않은 상태에서 가게를 디자인할 수 있다는 점이었다. 유티카 스퀘어에 자리한 1호점은 운 좋게도 세계적인 건축가와 결혼한 실내 장식가가 디자인한 공간을 쓸 수 있다는 장점이 있었지만, 그녀의 목가적인 프랑스식 미학은 내가 구상한 실 가게의 비전과 정확하게 일치하지는 않았다. 내가 원하는 건 넓고 탁 트인 공간에 깨끗하고 모던한 디자인, 질감과 색상이 다채로운 실을 돋보이게 해줄 흰색 배경이었다.

우리는 털사 남부에서 루프 남부점에 꼭 맞는 공간을 찾았다. 신축 느낌이 나면서도 고급스러운 곳이었다. 루프의 손님이자 뜨개인이자 인테리어 디자이너인 내 친구 파라에게 연락했다. 그녀는 인테리어 업계의 떠오르는 별이었고, 나는 파라의 스타일이 좋았다. 파라는 최고 수준의 안목을 발휘해 보겠다고 말했지만, 유명 뮤지션의 저택을 디자인하느라 짬을 내기가 어려웠다. 대신 내게 멋진 아이디어를 제안했다. 근처 대학교에 연락해서 루프와 함께 작업할 사람이 있는지 알아보라는 것이었다. 무료라고도 했다.

아이디어는 먹혔다! 오클라호마 주립대학교 인테리어 디자인학과에 연락했더니 한 교수가 루프 남부점 인테리어를 그 학기 대학원 프로젝트로 올렸다. 학생들은 팀을 이루어 매장 디자인 콘셉트를 개발하고 발표했다. 각 팀의 디자인 발표회는 루프 남부점 개점 과정을 통틀어 가장 뜻깊은 경험이었다. 그들은 단순한 샷건 스타일*의 600평 공간에 대해 내가 갖고 있던 상상의 경계를 완전히 허물었다.

남학생으로만 구성된 어떤 팀은 "아내가 쇼핑하는 동안 남편도 쉴 공간이 필요합니다"라며 매장보다는 남자들의 동굴에 가까운 디자인을 선보였다. 그들이 디자인한 인테리어에는 대형 텔레비전과 안락의자 심지어 미니 바도 있었다. 약간 과하다 싶기는 했지만 그럼에도 내게 영감을 줬다. 학생들의 이런 아이디어 덕분에 우리는 루프 남부점에 "뜨개인의 남편"을 위한 공간

---

* 현관부터 거실, 침실, 부엌까지가 일렬로 배치된 형태의 집을 말한다.

을 만들기로 했다. 편안한 의자와 잡지를 구비했고, 비디오 게임을 할 수 있는 공간도 마련했다.

최종 선택된 인테리어는 OSU 팀이 발표한 디자인이었다. 가장 눈여겨본 것은 스툴 의자로 둘러싸인 원형 계산대였다. 또 루프라는 이름에 어울리는 밝은 천장(커다란 비행접시처럼 생겼다)이 있었고, 나무와 석고로 만든 단추 전시 공간, 의류 건조기용 통풍관도 갖추었다.

루프 2호점 디자인은 오클라호마 주립 대학교
디자인과 학생들의 콘셉트에서 영감을 받았다.

루프 스타일이라 할 수 있는 다른 핵심 요소들은 그대로 유지하면서 향후 프랜차이즈화할 경우 다른 매장에도 그대로 실현할 수 있도록 인테리어를 간소화했다. 바닥부터 천장까지 낙서할 수 있는 칠판을 설치한 놀이방, 손님들이 다 뜬 작품을 사진 찍어 전시할 수 있도록 한쪽 벽을 자석 벽으로 만든 강의실, 그리고 벽을 따라 늘어선 흰색 정사각형 선반까지. Hot Loops Wall은 어떻게 됐느냐고? 이번에는 맞춤 제작을 하지 않고, 이케아에서 판매하는 선반에 완성한 작품 사진을 더해 Hot Loops Wall을 만들었다.

내가 꿈꾸던 루프 남부점의 디자인을 구현하기 위해 건설 인부들이 작업을 하는 동안, 우리는 다른 과제를 해결하는 데에

나무와 의류 건조기용 통풍관으로 제작한 단추 디스플레이.

스툴 의자로 둘러싸인 루프 남부점의 원형 계산대.

루프 2호점인 "루프 남부점" 오픈 날.

초점을 맞췄다. 두 매장의 재고를 웹사이트에서 결합하는 과제였다. 우리는 고객들이 두 매장의 재고를 한 번에 파악하는 일이 중요하다는 걸 알고 있었다. 말라브리고 리오 래벌리 레드 실이 유티카 스퀘어 매장에는 4타래, 남부 매장에는 6타래 있는 상황에서 어떤 손님이 스웨터 한 벌을 뜨기 위해 8타래가 필요하다고 했을 때, 웹사이트에서는 10타래 모두가 재고로 표시되어야 했다. 재고가 충분치 않다면 손님은 다른 웹사이트로 가버릴 테니까.

"어렵지 않아요. 무슨 말인지 이해했어요."

내가 재고에 관해 설명했을 때 기술팀이 이렇게 말했지만, 알고 보니 그들은 전혀 이해하지 못하고 있었다. 이 사실을 알게 된 건 루프 남부점이 문을 열기 일주일 전, 선반에 실을 진열하고 마케팅을 마무리하고 새로운 팀원들을 훈련시키고 있을 때였다.

"죄송하지만, 재고가 통합이 안 되네요."

나는 심호흡을 했다.

"괜찮아요. 해결 방법을 찾을 때까지 온라인 오픈 일정은 좀 늦출게요."

"아니요. 전혀 모르시는 모양인데, 통합 기능이 전혀 작동하지 않아요. 불가능하다고 보시면 돼요. 루프 웹사이트는 한 점포의 재고만 반영할 수 있습니다. 양쪽 다가 아니고요."

나는 다시 심호흡을 했다. 회사의 최고 개발자들은 물론 오너까지 만났지만 해결책은 없었다. 루프 웹사이트에는 전체 재고의 절반만 표시됐다. 엄청난 타격이었지만, 이미 돌이키기에는 늦었다. 루프 남부점은 예정대로 문을 열 것이다.

웹사이트에 관한 고민을 제쳐둔다면, 루프 남부점 오픈은 무척 성공적이었다. 남부 지역의 고객들은 우리의 세련된 실 가게에 감탄했다. 심지어 유티카 스퀘어점을 이용하던 고객들도 남부점은 어떤지 보기 위해 공사 중인 도로를 지나 남부점까지 방문했다.

우리는 두 매장의 색깔을 달리할 수 있도록 매장마다 다른 실과 프로젝트를 비치했다. 그럼으로써 고객들은 새로운 실을 보기 위해 두 점포를 모두 방문할 것이었다. 더불어 각 매장마다 상주 직원이 있기는 했지만, 직원들이 팀을 구성해 두 지점을 왔다 갔다 하기로 했다. 이 아이디어는 루프라는 브랜드의 연속성을 가져가면서도 매장마다 독특한 개성을 잃지 않기 위한 노력의 일환이었다. 최고의 아이디어였고, 계획대로 잘 먹혔다.

루프 남부점의 첫 2년은 아주 좋았다. 기술팀이 웹사이트 문제를 해결한 건 아니었지만 매출은 증가세를 보였다. 두 점포의 이윤이 각각 두 배로 늘 정도는 아니었지만 그래도 상황은 올바른 방향으로 가고 있었다. 나는 적은 돈이나마 정기적으로 월급을 가져가기 시작했다. 물론 남편과 함께 운영하는 광고 회사를 그만둘 만큼은 아니었다. 하지만 루프 남부점은 분명 자기 몫을 해내고 있었다.

그리고 생각지도 못한 부수입도 있었다. 우리가 두 번째 점포를 열자 업계에 파문이 일었다. 다음번 전미 공예 박람회에 참가했을 때, 모든 판매업자들이 루프 남부점에 대해 알고 있는

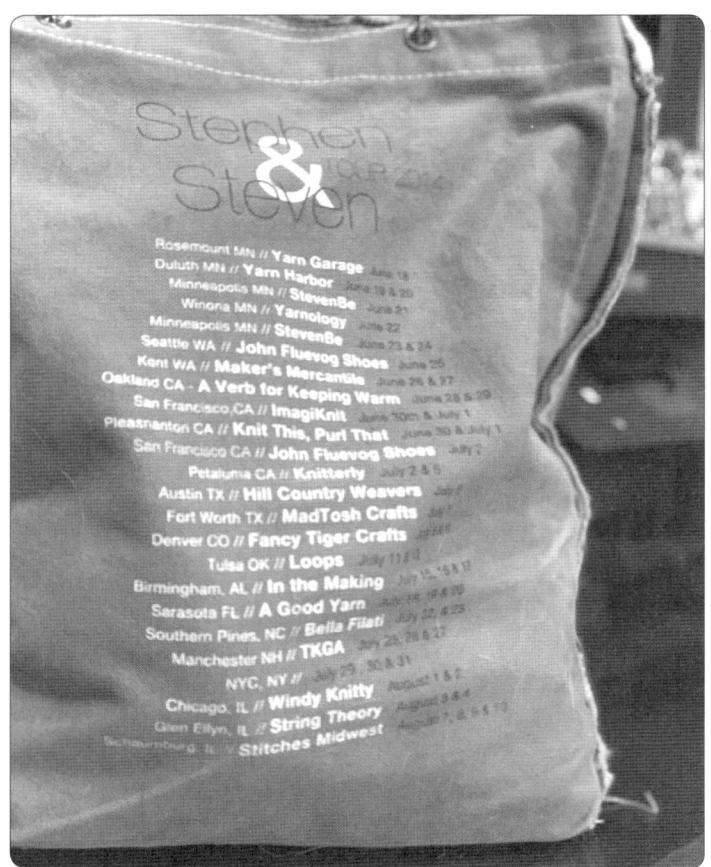

2014년 스테판 앤 스티븐 투어 참여 업체로
초대받은 일은 루프에게 터닝포인트가 됐다.

것 같았다. "2호점을 차리셨다고요? 털사에서?" 그들은 믿을 수 없다는 듯이 묻고는 했다. 두 개의 점포를 갖는 것은 양적인 면에서뿐만 아니라 소위 유명세라는 측면에서도 우리의 구매력을 강화해 주었다. 그것은 부정할 수 없는 사실이었다. 사람들이 루프에 대해 이야기하기 시작했으니까.

솔직히 처음에는 조금 불편했다. 내가 앞에 나서는 것을 그다지 좋아하는 사람이 아니라는 사실을 깨달았다. 이 부스에서 저 부스로 옮겨 다니는 동안 나는 강매를 피해 쇼핑을 할 수 있었다. 루프 직원 몇 명과 함께 온 덕분에 그들이 신분을 감춘 채 쇼핑할 수 있어 다행이었다. 나는 주로 새로 연 점포의 콘셉트에 대해 설명하고 계약을 체결하고 홍보를 위해 관계를 구축하는 역할을 맡았다.

또한 워크숍이나 기타 행사를 위해 유명 디자이너를 유치하고 계약하는 일이 훨씬 쉬워졌다. 사실, 그들이 우리에게 오기 시작했다고 말해도 과언이 아니었다. 가장 주목할 만한 것은 2012년에 스테판 앤 스티븐 투어(Stephen & Steven Tour)에 초대받은 일이었다. 스테판 웨스트는 암스테르담에서 활동하는 젊고 멋진 니트 디자이너였고(못 믿겠지만 그는 털사 출신이다), 스티븐 버그는 남성복 디자이너에서 니트 사업가로 변신한 뜨개계의 거물로, 미니애폴리스에서 멋진 뜨개 숍을 운영 중이다. 스티븐은 스테판이 가는 곳마다 그와 함께 여행했다. 그들은 투어를 다니기 위해 다이나믹한 듀오를 결성했고, 감사하게도 루프를 호스트 가게 중 하나로 초대한 것이었다! 북미에서 가장 유명한 뜨개 숍 십여 곳과 함께 그들의 투어에 선정된 것이 너무나 기뻤다.

이 행사는 크게 인기를 얻었고, 루프 남부점의 매출은 행사 기간뿐 아니라 그 후 몇 달간 급증했다. 하지만 루프의 반짝이는 성공의 가장자리에서부터 조금씩 균열이 생기기 시작했다. 편이 나뉘기 시작한 것이다. 북쪽과 남쪽으로.

지나 Y가 매니저로 있는 루프 유티카 스퀘어점은 지나 H가 매니저로 있는 루프 남부점과 늘 비교 대상이 됐다. 두 지나는 개인적으로 좋은 친구였지만, 재고 문제를 둘러싸고 조금씩 갈등이 생기기 시작했다. 두 사람 모두 좋은 실이 자신의 점포에 들어오기를 바랐다. 결국 손님들이 찾기 때문이 아니라, 이 점포가 저 점포보다 더 잘 팔 수 있을 거라는 이유로 실은 계속해서 이리저리 옮겨졌다.

모두를 위한 하나, 하나를 위한 모두를 기치로 내걸었던 우리의 마인드는 조금씩 둘로 나뉘기 시작했고, 내 관심도 둘로 나뉘었다.

루프 남부점이 오픈하기 전, 우리 가족은 털사 남부로 이사했다. 아이들이 남부에 있는 학교에 다니고 있었기 때문에 무리한 선택은 아니었다. 더구나 루프 남부점은 말하자면 "신생아"였고, 나 역시 마침 차로 5분 거리에 머물게 됐으니 자연스럽게 루프 남부점에서 더 많은 시간을 보내게 됐고, 직원들뿐 아니라 남부 고객의 목소리에 귀를 기울이게 되었다. 그것은 아주 미묘한 균열이었으므로, 내가 그렇게 치우치고 있다는 사실을 나조차 인정하지 않았다. 하지만 돌이켜보면 마음속에는 늘 루프 남부점이 먼저였음이 분명했다.

일주일에 최소 두 번은 유티카 매장을 방문하려 했지만, 나는 점차 자제력을 잃어가고 있었다. 유티카 스퀘어점의 매니저인 지나 Y는 훌륭한 직원이었고, 고객들과도 신뢰와 우정을 쌓는 타고난 능력을 지니고 있었다. 하지만 자신도 모르는 사이, 남부점 고객들을 점점 부정적으로 보는 관점을 형성하게 된 것 같았다.

이것을 섬세하게 다룰 방법은 없었다. 유티카 매장이 초라하게 보이기 시작했다. 남부점의 지나 H는 실을 깔끔하고 세련되게 진열하는 데에 천부적인 재능을 보였지만, 지나 Y의 장점은 다른 곳에 있었다. 그녀는 다른 직원, 특히 홀리라는 이름의 팀원에게 의존하여 실을 정리하고 매력적으로 보이게 하는 한편, 고객을 돌보는 데 집중했다. 하지만 홀리가 부업으로 일하고 있던 빙크와플(Binkwaffle)이라는 뜨개 가방 회사가 급성장하면서 결국 홀리는 루프에서 일할 수 없게 되었고, 그 일을 기점으로 루프 유티카 스퀘어점은 외관이 무너지기 시작했다. 문을 열고 매장 안으로 들어갈 때마다 점점 초라해지는 그 분위기에 나는 가슴이 아팠다. 소매를 걷어붙이고 몇 시간이나 매장을 정리하는 데에 매진하고는 했는데, 이것이 지나 Y의 마음을 상하게 했지만 어쩔 수 없었다.

　월례 매니저 미팅에서 남부점과 유티카 스퀘어점 사이의 긴장은 점점 두드러졌다. 가끔 노골적인 논쟁이 터져 나오기도 했는데, 거의 항상 실타래를 놓고 벌어지는 논쟁이었다. 어느 가게에서 어떤 새 실을 먼저 살까요? 어느 가게가 더 많이 팔았고, 그 이유는? 팀 운영에 대한 경험도 훈련도 충분하지 않았던 나는 거의 항상 내가 이 회의들을 잘 이끌어나가지 못한다고 느꼈다. 나는 두 점포가 똑같이 빛나기를 원했다. 모두를 행복하게 해주고 싶었다. 나는 불가능한 걸 원하고 있었다. 일이 잘못된 방향으로 흘러갈 수도 있다는 생각이 들면서, 인생 최악의 날들이 다가왔다.

chapter 24

엉킨 실을 풀다

북쪽 vs 남쪽 대장 간 드라마가 펼쳐지고 있기는 했지만, 아이들은 원래 그렇듯 하루가 다르게 자라고 있었다.

맬로리가 몬테소리 학교에서 노래를 흥얼거리는 동안, 샘과

샘(6세), 세실리(5세), 맬로리(2세).

세실리는 새로운 중학교에 입학했다. 두 아이 모두에게 힘든 도전이었다. 샘은 환경이 바뀌는 것을 힘들어했고, 새 학교의 8학년 아이들과 어울리는 일 역시 그랬다. (당시 샘이 얼마나 심한 괴롭힘을 견디고 있었는지는 나중에야 알았다.)

세실리는 상황이 좀 나았다. 새 학교의 7학년 아이들은 그나마 친절했기 때문이다. 세실리는 그 학교의 록 밴드 프로그램을 좋아했고, 뛰어난 타악기 연주자로서 빛을 발할 수 있었다. 여전히 세실리에게는 자신만의 뚜렷한 도전이 있었다.

세실리는 2학년 때 난독증 진단을 받았다. 나는 몇 년간 세실리를 보며 난독증을 의심했지만, 세실리의 유치원 선생님은 오빠인 샘이 (자폐증 아이들 대부분이 그렇듯) 과독증이기 때문에 상대적으로 세실리가 난독증처럼 보이는 것이라고 했다. 아기였을 때 샘은 알파벳 장난감에 과도하게 집착해 일부러 치워야 했을 정도였다. 세실리가 결국 난독증 진단을 받자, 어릴 때 세실리에게서 퍼즐을 빼앗은 내 책임인 것 같아 나를 자책했다.

세실리는 알파벳 발음 선생님인 르네의 도움으로, 그리고 엄청난 집중과 노력으로 직면한 도전에 대처하는 법을 배웠다. 세실리는 드럼 연주에 몰두했고, 끝없는 창의력으로 우리를 놀라게 했다. 재활용 쓰레기통을 뒤져 찾아낸 페인트 통과 금속, 병뚜껑 등을 가지고 쓰레기 드럼 세트를 조립한 것을 차고에서 발견한 적도 있다.

세실리의 도전은 끝이 없었다. 테니스를 시작하고 얼마 지나지 않아 팀 내 최고 선수가 되었다. 크로스컨트리 달리기를 시작한 뒤에도 금세 최고 완주자 안에 들었다.

게다가 세실리는 모든 사람들에게 늘 친절했고, 집안일을 잘 도왔다. 숙제에 드는 시간이 다른 형제보다 두 배는 더 걸렸음에도 매일 내가 저녁 식사를 준비하는 데에 손을 보탰고, 심지어 식단을 짜는 일도 도와주었다.

우리 집에 분기별로 방문하는 샘과 세실리의 정신과 의사에게 세실리가 식단 짜는 일을 얼마나 좋아하는지 이야기했다. 세실리가 점점 날씬해지는 것 같다고도 덧붙였는데, 실제로 세실리는 크로스컨트리 경기를 시작했기 때문에 그럴 법하다고 생각했다.

미국 최고의 섭식장애 프로그램 중 하나를 운영한 이력이 있는 정신과 의사가 안심되는 말을 들려주었다.

"나이에 비해 나쁘지는 않지만, 원한다면 세실리에게 영양사를 추천할 수 있어요. 크로스컨트리에 도움이 될 만한 영양소가 갖추어진 식단과 좋은 습관에 관해 조언해 줄 영양사예요."

나는 영양사와 첫 약속을 잡았다.

화창한 가을의 어느 일요일 오후, 세실리와 나는 올해 한 살 된 반려견 펄을 데리고 산책에 나섰다. 집에 있기에는 아까운 날이었다. 나무 사이로 햇빛이 비쳤고 바람이 살랑였다. 우리 모두 주중에 해야 하는 일에 대한 부담과 압박감, 조급함에서 벗어나 함께 보내는 그 시간이 너무나 행복했다. 한없이 화창하면서도 나른한 일요일 오후가 우리 앞에 펼쳐졌다.

목줄을 한 퍼와 함께 단지의 이 문에서 저 문까지 평소 다니던 길로 동네를 산책했다. 게이트 앞에서 잠시 멈춰 밖으로 나갈지를 고민했다. 날이 너무 좋았고 모두가, 특히 퍼가 계속 산책을 원하는 것 같았다. 결국 철커덕 철문을 열어 문밖으로 나갔다.

한 블록이 채 지나지 않아 다음 도로로 내려가려는데 갑자기 고함 소리가 들렸다. 우리가 있는 곳으로부터 몇 집 떨어진 곳에서 한 쌍의 남녀가 팔을 흔들며 외치고 있었다.

"여기로 오면 안 돼요! 돌아가요!"

처음에 든 생각은 이거였다.

"뭐지? 내가 어디에 가든 말든! 여긴 자유 국가라고."

하지만 다음 순간, 그들이 서 있는 곳 근처의 마당으로 시선을 돌리니 대형 핏불테리어 두 마리가 보였다. 그중 한 마리는 최소 150파운드는 나갈 것처럼 보이는 특대형이었다. 개들이 우리를 향해 돌진해 오고 있었다. 엄청난 속도로. 머릿속에서 50가지가 넘는 생각이 한꺼번에 떠올랐다. 소리 지르는 저 사람들 왜 개를 막지 않지? 아, 저 사람들 개가 아닌가 봐. 개를 멈춰 세우려고 하고 있어. 빨리 달리면 도망칠 수 있을 것 같은데. 아냐, 개들이 너무 빨라. 퍼는 저 개들을 보고 얼어붙어 버렸어. 빨리 세실리에게 클리커를 주고 뛰지 말고 걸으라고 말해야 해. 최대한 빨리 게이트 안으로 들어가 문을 닫으라고 해야 해. 좋아, 세실리가 잘 해낼 거야. 퍼와 나도 할 수 있을 거고. 아냐, 개들이 너무 빨라. 아니 그냥 자기들끼리 놀고 싶은 거 아닐까. 제발. 제발. 저 개들이 자기들끼리 노는 거라고 해줘.

바로 그때, 개들이 우리를 덮쳤다.

그 뒤부터는 일이 순식간에 벌어졌다. 지금까지도 그 후의 일은 잘 기억나지 않는다. 아마도 잠재의식 속에 영원히 묻어둠으로써 치유하기로 한 것 같다. 개들은 으르렁거리며 퍼를 향해 코를 쿵쿵거렸다. 영리하고 지혜로운 퍼는 배를 보이며 복종하는 자세를 취해 보였다. 그러나 개들은 퍼를 공격했다. 처음에는 거대한 수캐(한눈에 봐도 수캐였다)가, 다음에는 암캐가 공격을 했다. 나는 퍼를 안전한 곳으로 피신시키려 했지만, 대형 수캐가 퍼를 짓누르고 있었다. 그리고 사방에 피가 흘렀다. 퍼는 고개를 좌우로 흔들며 울었고, 나를 찾으며 도움을 요청했다. 요즘도 악몽을 꿀 때면 그날 퍼의 울음소리가 들린다. 퍼는 반격하지 않았다.

내 옆에 있던 목청이 큰 아주머니가 휴대폰으로 대형 수캐의 머리를 때렸다. 휴대폰이 산산조각 났고, 아주머니는 내게도 수캐를 때리라고 소리쳤다. 나는 제정신이 아닌 상태로 무기력하게 비명을 질렀다. 그때 한 남자가 고함을 치며 나를 끌어냈다. 다행히 세실리는 보이지 않았다. 총성이 울렸다. 조금 멀리 떨어진 곳에서 퍼를 덮고 있는 대형 수캐의 모습이 눈에 들어왔다. 피가 멈추지 않았다. 너무 많은 피가 흐르고 있었다. 다시 총성이 울렸고 연이어 한 발이 더 울렸다. 대형 수캐는 여전히 퍼를 공격했다. 나중에 알고 보니 여덟 번째 총성이 울리고서야 공격이 멈추었다. 수캐는 주저앉았고, 암캐는 도망쳤다.

나를 제지하던 사람에게서 벗어나 퍼에게 달려갔다. 퍼는 이미 숨을 거두었지만 희망을 놓을 수 없었다. 아드레날린이 솟구치는 것을 느끼며 퍼를 안아 올렸다. 네 다리가 사방으로 축 처졌다. 사람들이 소리를 질러서 주변에 사람이 모여 있다는 걸 그제야 깨달았다. 누군가 내게 소리쳤다. 트럭 뒤에 퍼를 실으라고 했다. 주위를 둘러보니 총을 든 남자가 바로 우리에게 오지 말라고 소리친 남자였다. 그가 함께 트럭에 타라고 말하고 있었다. 트럭에 타서 퍼를 감싸안고서는 제발 버텨달라고 애원했다.

그날은 일요일이라 우리가 방문한 첫 번째 동물 병원은 문을 닫았다. 어떻게 알고 근처에 사는 아버지도 왔다. (알고 보니 내가 아버지에게 전화를 한 것이었는데, 나는 기억이 나지 않았다.) 다시 퍼를 트럭에 태우고 강을 건너 응급 수의사 진료소로 차를 몰았다. 나는 퍼를 위해 버텼고, 퍼는 삶을 위해 버텼다.

그곳에 남편이 있었다. 처참하게 부상당한 퍼를 본 남편이 나를 위로했다. 나는 카운터에 앉은 사람들에게 훌쩍이며 상황을 말했다. 그들이 나를 왜 그렇게 이상하게 보는지 알 수 없었다. 시선을 내려 아래를 보니 내 머리부터 발끝까지 온통 피범벅이었다. 영화 〈캐리〉에서 화면 밖으로 튀어나온 사람 같았다.

"세실리는?"

남편에게 물었다. 세실리는 게이트 안으로 무사히 들어갔지만, 이 모든 광경을 지켜봤다고 남편이 말했다. 그길로 집까지

퍼가 사고를 겪은 날 내 신발.

뛰어가 남편에게 상황을 말한 모양이었다. 남편이 세실리와 함께 곧 현장으로 달려왔을 때, 핏불의 주인은 총에 맞아 죽은 자신의 개를 안아 올리고는 개를 죽인 사람에게 복수하겠다고 외치며 거리를 서성이고 있었다고 한다.

퍼는 기적적으로 살았다.

다행히 우리가 간 병원은 퍼를 치료하기에 완벽한 곳이었다. 아마도 털사에서 퍼를 치료할 수 있는 유일한 병원이었을 것이다. 오클라호마 수의학 전문의인 재커리 리커 박사가 수술을 집도했다. 의사가 첫 번째로 걱정한 것은 퍼가 가슴에 입은 총상 그리고 심각한 타박상이었다. 두 번째로는 대형 핏불이 짓누른 바람에 부러진 퍼의 왼쪽 다리뼈였다. 세 번째로는 또 다른 총알에 산산조각이 난 퍼의 오른쪽 다리였다. 하지만 리커 박사는 뼈를 고정해 주는 고정기라는 기구를 사용해 다리뼈 파편을 재구성할 수 있을 것 같다고 말했다. 퍼를 살릴 수 있을지 없을지는 그들도 알지 못했다. 사실 가능성은 크지 않았고, 있다 해도 쉽지는 않을 것이었다. 비용도 2만 달러가 넘었다. 수술비를 어떻게 마련해야 할지 알 수 없었다. 하지만 노력도 해보지 않고 포기할 수는 없었다.

뒷이야기가 길지만 짧게 설명하자면, 퍼는 살았다. 의사는 퍼가 다시 걷지 못할 수도 있다고 했지만, 퍼는 다시 걸었다. 심지어 달리기와 점프도 했고, 그 후 7년 동안 먹고 싶은 만큼 먹었다. 퍼는 루프의 마스코트가 되었고, 가끔 우리 광고에도 등장했다. 매장을 방문하는 모든 손님들에게 간식을 달라며 꼬리를 흔들고 핥았다.

놀라운 사실은. 사고 이후 퍼가 누구에게도 그리고 삶에 대해서도 전혀 공격적이지 않았다는 점이다. 퍼는 결코 두려워하지도 공격하지도 않았다. 오히려 어느 때보다 따뜻한 눈빛으로, 실룩이는 엉덩이로, 따뜻한 포옹으로 세상에 둘도 없는 반려견이 되었다.

수술비는 어떻게 감당했을까. 사람들은 내게 자꾸 퍼 이야기를 들려달라고 부탁했고, 도울 수 있는 일이 있으면 말해달라고 했다. 차마 말로는 다할 수 없어서 크라우드펀딩 사이트에 퍼가 겪은 일을 적어 루프 고객들과 공유했다. 그리고 놀랍게도, 고객들은 수술 비용의 거의 대부분에 해당하는 금액을 기부해 주었다. 뜨개인들이여, 역시, 대박!

그 대형 핏불의 주인은 어떻게 됐을까? 나중에 알고 보니 개 주인은 친구들과 함께 총기와 마약을 거래하는 사람이었는데, 폰지 사기로 기소되어 캘리포니아로 도주한 다른 범죄자의 집에 숨어 살고 있었다고 한다. 그 집은 마약 단속국 요원들의 감시 대상 중 한 곳이었는데, 그날은 마침 요원들이 비번인 모양이었다. 이 사건 직후 요원들이 그 집을 급습했고, 욕조 안에서 각종 무기와 비단뱀, 악어를 발견했다. 개 주인은 핏불이 반려견이며, 특히 아이들의 잠자리를 지켜주기 위해 키운 것이라고 주장했다.

자신을 디아블로라고 부르던 그 대형 핏불의 주인은 과거에도 자신의 개가 다른 개에게 부상을 입혀 기소된 이력이 있었음에도 동물 관리국에 자신의 핏불을 안락사시키지 말라고 요청했고, 그 요청이 받아들여져 150달러 벌금형에 그쳤다. 도심에서 개를 중성화하지 않고 목줄을 하지 않을 경우 부과되는 벌금 중에서도 최소 액수였다. 그들에게 퍼의 수술비를 내도록 할 방법은 없었고, 그들은 어떠한 처벌도 받지 않았다.

수술 후 산산조각이 난 다리 재건 수술을 마친 후의 퍼.

세실리는 어떻게 됐을까? 세실리와 나는 각각 외상 후 스트레스 장애 치료를 받았다. 우리 모두 악몽을 떨쳐버릴 수 없었고, 머릿속에서 계속 그날의 장면과 소리가 재생됐다. 세실리는 일주일 만에 3킬로그램이 빠졌다. 세실리의 거부에도 불구하고 세실리에게 신체 측정을 해보자고 설득했다. 눈에 들어온 숫자에서 오는 충격파가 온몸에 퍼졌다. 세실리는 165센티미터에 몸무게가 39킬로그램이었다.

그 주에 세실리는 신경성 거식증 진단을 받았고, 지금까지도 치료를 위해 고군분투하고 있다. 사실 세실리는 예전부터 거식증을 앓고 있었지만, 섭식장애 전문가라는 주치의는 물론이고 크로스컨트리 코치, 가족, 심지어 세실리 본인조차도 그 사실을 알지 못했다. 몇 년간 거식증에 관한 교육과 치료를 받은 후에야, 거식증은 환자 자신이 가장 늦게 알아차리는 경우가 있다는 사실을 알게 되었다. 퍼는, 물론 스스로는 몰랐겠지만, 고통 속에서 세실리의 생명을 구한 것인지도 몰랐다.

우리는 세실리의 주치의와 함께 식이장애 치료를 위해 새롭고도 유망한 접근 방식인 '가족 외래 치료'를 선택했다. 커가면서 세실리가 집을 떠나 있는 것을 좋아한 적은 없었다. 세실리는 늘 친구 집에서 자는 걸 싫어했다. 그래서 입원 프로그램은 세실리에게 맞지 않을 것이라는 점에 모두가 동의했다.

다시 한번 나는 거대하고 생소한 거식증이라는 병에 대해 배울 수 있는 모든 것을 배우기 위해 고군분투했다. 그리고 내가 거식증에 관해 얼마나 모르고 있었는지를 깨닫고 충격을 받았다. 나는 섭식장애를 일종의 허영병이라고 생각해 왔다. 그래서 세실리가 거식증 진단을 받았을 때, 처음에는 말도 안 된다고 생각했다. 세실리는 내가 아는 사람 중 가장 허영심이 없고 겸손하고 이타적인 사람이었기 때문이다. 하지만 진실은 이랬다. 내성적인 완벽주의자에 강박장애와 불안증을 갖고 있었던 세실리는 이 장애에 크게 반응하는 성향을 갖고 있었다. 크로스컨트리와 PTSD는 궁극적으로 이 증상의 노출 시기를 앞당겼을 뿐이었다.

경험을 바탕으로 덧붙이자면, 거식증에 비하면 자폐증은 공원을 산책하는 일과 같다.

자폐증 진단과 함께 샘은 쉽지 않은 나날을 보냈다. 사실이다. 하지만 분명 희망도 있었다. 새로운 자폐증 치료법이 계속 개발됐고, 진단을 받은 사람들을 대상으로 한 책과 텔레비전 프로그램도 속속 등장했다. 학교에서는 자폐증 아이들을 위해 개인별 교육 프로그램(IEPS)을 마련해 주었고, 자폐증 아이들에게 자상한 태도를 취해야 한다고 가르치는 교육 영상도 있었다. 모두가 자폐증에 관해 신경을 쓰고 있었다. 심지어 자폐증을 앓는 유명인을 맞추는 게임이 인기를 끌기도 했다. 빌 게이츠는 말할 것도 없고, 댄 애크로이드, 스탠리 큐브릭, 앤디 워홀, 다릴 한나, 코트니 러브까지 명단은 끝도 없이 이어졌다.

반면에 자신의 몸매를 수치스러워하는 깡마른 유명인을 제외하고는 누구도 거식증에 관해 이야기하지 않았다. 거의 금기에 가까웠다. 비밀을 터놓을 만한 몇 안 되는 친구들의 표정에서도 그것을 읽을 수 있었다. 이들은 세실리를 평생 알고 지냈지만, 거식증이라는 단어를 듣자 그들은 거의 속삭이는 수준으로 목소리를 낮췄다. 이 증상을 사람들이 어떻게 보는지 금세 알 수 있었다. 너무나 명백했다.

나는 방어적이 되지 않기 위해 싸워야 했고, 그들에게 또 나 자신에게도 이것이 나 때문에 생긴 병이 아님을 증명하려 노력해야 했다. 샘이 자폐증이라는 사실을 처음 알고 나서 자폐증에 관한 자료를 읽을 때가 생각났다. 처음에 의료계는 자폐증의 근본 원인은 부정한 채, 냉정한 엄마들이 아이에게 애정을 주지 않아 생기는 병이라며 소위 "냉혈한 엄마"를 탓했다. 이에 대한 반증이 오래전부터 있어 왔지만, 그럼에도 자폐증을 엄마의 탓으로 돌리는 상황을 맞닥뜨리는 일은 여전히 드물지 않고, 거식증이 마치 새로운 자폐증처럼 여겨지는 것도 어쩔 수 없었다. 거식증은 여전히 수수께끼처럼 남아있다. 일반인은 거식증을 여전히 두렵고 부끄러운 병으로 오해하고 있고, 의료계로부터도 별다른 지지를 받고 있지 못하다.

털사뿐 아니라 미국 전역을 통틀어도 섭식장애 전문의들은 존재하지 않는 것 같았다. 실력 있는 치료사와 영양사들은 전국에 흩어져 있는 몇 안 되는 입원 환자 프로그램에서 일하고 있었고, 그래서 거식증 환자들은 집에서 아주 멀리 떨어진(몇 개의 주를 통과해야 갈 수 있는) 치료 센터에 가야 한다는 사실을 알게 됐다. 콜로라도에서 온 상냥했던 손님 한 분이 떠올랐다. 털사에 입원해 있는 딸을 보러오면서 종종 우리 가게에 들러 실도 사고 뜨개도 했던 손님이었다. 나는 그녀가 겪었던 고통을 똑같이 겪고 있었다. 그 손님의 눈가에는 긴장감이 돌았다. 딸을 보러 가기 전 잠깐의 오후만이라도 루프 매장에서 실에 둘러싸여 조용히 뜨개를 하며 안도감을 느끼던 모습이 생생히 떠올랐다.

세실리의 의사에게 섭식장애 생존자 지원 단체가 있는지 물었지만, 놀랍게도 내가 사는 곳에는 전무했다. 이유를 묻자 그가 이렇게 답했다.

"거식증이 재발하는 것을 모두가 두려워하기 때문이죠. 거식증에 대해 이야기하는 것만으로도 그들을 자극할 수 있으니까요. 천만다행으로 회복한 거식증 환자가 있다면, 그들은 절대 뒤돌아보려 하지 않을 겁니다."

누구도 거식증에 관해 이야기하지 않는 또 하나의 이유가 있었다. 거식증 사망률은 10%인데, 대부분이 자살이었다. 생각해보자. 만약 당신이 알코올 중독자라면, 어떤 사람들은 당장 내일부터 술을 입에도 대지 말라고 말할 것이다. 몹시 힘들기는 하겠지만 시도는 할 수 있다. 하지만 거식증 환자는 먹는 일을 끊을 수 없다. 그러니까 자신이 싫어하는 바로 그 일, 자신을 혐오하게 만드는 그 일을 하루에 여섯 번씩 해야 한다. 세 끼 식사와 세 번의 디저트까지. 그것도 매일.

내가 세실리와 함께 식사를 하거나 간식을 먹으려고 식탁에 앉으면, 세실리는 평소처럼 다정하고 재미있는 듯한 태도로 농담을 던진다. 하지만 식사가 시작되면 얼굴에 먹구름이 드리워진다. 말 그대로 눈 깜짝할 사이에 다른 사람이 된다. 거친 말로 나를 맹렬히 비난하기 시작한다. 더 최악은, 스스로에게 불같이 화를 낸다는 사실이다.

가족 치료와 더불어 세실리의 치료사, 영양사, 정신과 의사와 매주 만난 덕에 세실리는 호전될 조짐을 보이기 시작했지만, 속도가 고통스러우리만치 느렸다. 다음 학기에는 고등학교를 집에서 통학하기로 했다. 그렇게 하면 친구들의 질문과 시선을 처리할 필요가 없었고, 치료를 위한 식사 계획도 확실히 지킬 수 있었다.

말할 필요도 없이, 나는 온종일 세실리를 생각하며 보냈다. "어머니는 가장 행복하지 않은 아이가 행복한 만큼만 행복하다"라는 말을 처음 들은 것도 이 시기였다. 정말 그랬다. 그리고 그토록 깊이 사랑하는 내 아이가 스스로를 사랑하지 못할 때, 삶 자체를 고통으로 느끼며 고군분투하고 있을 때, 다른 일을 생각하는 것은 불가능했다.

나는 세실리에 대한 걱정에서 벗어나기 위해 일에 집중하고자 했다. 긍정적이고 가벼운 일에 집중하기 위해 매장 일이나 컴퓨터로 시간을 보냈다. 물론, 루프 매장 두 군데에 각각 필요한 관심을 주는 일은 훨씬 더 어려워졌지만. 그리고 여전히 광고 일도 했다. 두 매장의 수요가 증가하면서 재고 관리가 어려워졌고, 현금을 써야 하는 돌발 상황이 생기면서 내가 꾸준히 월급을 가져가는 일에도 조금씩 지장이 생겼다.

이 시점에 나는 광고 일은 언제까지만 하겠다고 정한 나만의 마감일을 벌써 9년이나 넘기고 있었다. 희망하기로는 업무 시간을 전적으로 루프에만 쓰고 싶었지만, 당시로써는 두 사업을 모두 계속 운영하는 것 외에는 선택의 여지가 없어 보였다.

솔직히 말하면, 나는 지쳤다. 이제 더는 할 수 없었다. 나는 지쳐서 녹초가 됐고, 자금 사정은 점점 빡빡해졌다. 루프도, 가정 살림도 마찬가지였다. 세실리의 치료비는 보험 적용이 안 됐기 때문에 액수가 상당히 컸다. 세실리는 매주 치료사, 영양사, 정신과 의사와 따로따로 약속을 잡았다. 게다가 세 아이 모두 사립학교에 다니고 있었다. 샘이나 세실리를 전학시키는 것은 생각도 못 하고 있었고, 친구들과 함께 자란 맬로리를 전학시키는 일 또한 옳지 못해 보였다. 주택담보대출을 갚을 시점도 다가오고 있었다. 우리는 예산을 줄이고, 여행이나 외식도 하지 않았다. 케이블 요금과 전화 요금을 줄일 수 없을지 궁리했고, 외출할 때는 반드시 불을 껐다. 할 수 있는 모든 부분에서 비용을 줄였다.

루프의 첫 회계 담당자였던 빌리 앤은 루프를 떠나 자기 사업을 시작했다. 그런 탓에 나는 처음으로 온갖 일에 관한 예산 관리를 떠맡아야 했다. 광고 회사, 루프, 그리고 가정 살림까지. 회계 장부를 관리하다 보니 루프의 현금 흐름을 좀 더 현실적으로 볼 수밖에 없었는데, 솔직히 별로 좋아 보이지 않았다. 모든 경향과 그래프가 부정할 수 없는 하락세를 가리키기 시작했다. 두 매장의 재고를 합쳐서 보여주지 못한다는 점이 온라인 스토어의 성장에 상당히 부정적인 영향을 끼쳤다는 사실에는 의심의 여지가 없었다.

설상가상으로 매장 중 한 곳에 들어갈 때마다 점점 두려운 마음이 들었다. 이유는 알 수 없었다. 직원들에게 왜 이 실이 여태 여기에 있는지, 선반은 왜 이리 지저분한지, 그리고 왜 이 모델이나 저 패턴이 아직 완성되지 않았는지 묻는 나를 발견하고는 했다. 내 마음의 들쭉날쭉한 면이 보이기 시작했다.

어느 날 지나 H와 커피를 마시는데, 그녀가 내게 생각지도 못한 질문을 했다. 두 매장 중 하나를 닫는 일에 대해 생각해 본 적이 있느냐고. 혹은 두 매장을 모두 닫고 아예 새로운 매장을 여는 일은? 나는 즉시 거절했다. 양쪽 모두 실패처럼 느껴졌다. 그렇게 하면 직원 중 몇 명을 내보내야 할 것이고, 나는 꿈을 포기해야 할 것이다. 가장 최악은, 다른 사람들이 나를 어떻게 보겠는가.

내 인생이 바닥을 찍자, 나는 다 그만두는 것에 대해 진지하게 생각했다. 아마 매장 중 하나만 닫는 것보다는 그게 더 나을 것 같았다. 게다가 그런 선택은 합리화하기도 좋았다. "아, 뜨개 공방도 분명 재미있지만, 광고 회사가 너무 빠르게 성장하고 있으니 거기에 초점을 맞추는 수밖에." 루프가 긴 시간에 걸쳐 천천히 공개적인 죽음을 맞는 것보다는 아예 지금 문을 닫는 게 나을 거라고 스스로에게 되뇌었다. 그렇게 포기 직전의 순간에 믿을 수 없는 형태로 희망이 배달되었다. 그것은 진 브랜더, 그러니까 용감한 내 시어머니가 보낸 것이었다.

어느 날 남편이 아이들과 함께 시어머니댁에 다녀왔다. 두 가지 사업을 병행하면서 겪는 어려운 점을 토로하고 온 듯했다. 시어머니는 말없이 남편의 이야기를 듣다가 마침내 입을 열었다.

"셸리가 매장을 닫게 하면 안 되지. 그게 셸리를 얼마나 행복하게 하는지 알잖니."

남편이 시어머니의 말을 전했을 때, 내 안의 무언가가 복받쳐 올랐다. 갑자기 내가 지니고 다니던 엄청난 공포의 크기가 보였다. 그것은 손으로 만져질 듯한 압력이었다. 공포였고 부정이었다.

나는 부동산에 가서 루프 유티카 스퀘어점과 루프 남부점 사이에 위치한 고급 쇼핑센터인 킹스포인트 빌리지에 관해 물었다. 그곳에 빈자리가 있나요? 새로운 공간을 만드는 일에 관해 상의할 여지가 있을까요?

나는 메모를 하기 시작했다. 두 가게 모두 문을 닫고 새로운 공간으로 이사하려면 무엇이 필요할까. 우리가 다시 성장하기 위해서는 무엇을 해야 할까. 새로운 매장의 디자인은 어때야 할까. 아주 천천히 앞으로 나아갈 수 있는 길이 보이기 시작했다. 임대인과 세부 사항을 해결하고 계획을 세운 뒤, 나는 성숙한 어른의 태도를 장착한 채 루프 직원들에게 발표했다.

"다음 달에 루프 유티카 스퀘어점을 닫고, 그다음 달에는 루프 남부점을 닫을 겁니다. 그리고 통합된 하나의 매장으로 갈 거예요. 그곳은 지구상에서 가장 좋은 뜨개 숍이 될 것입니다. 8월까지 킹스포인트에 우리의 새로운 공간이 만들어질 겁니다."

바라는 일이 당당하게 실현되면 좋겠다는 마음이었다. 직원들은 실망할 테고 찬성하지 않는 의견도 나오겠지만, 내가 맞닥뜨린 실패를 힘껏 껴안자고 생각하며 각오를 다졌다. 하지만 예상치 못한 일이 일어났다. 직원들이 내게 준 것은 뜨거운 박수였다.

chapter 25

포기하지 않는 마음

우리는 새로운 루프로 전환하기 위해 웅장하고 공격적인 계획을 세웠다. 킹스포인트에 새 공간이 만들어지는 동안 유티카 매장을 닫고 유티카 매장 전체를 남부 매장으로 옮긴 다음, 남부 매장을 닫고 남부 매장 전체(현재 두 곳의 재고 포함)를 새로운 킹스포인트 공간으로 옮겨서 오픈한다는 계획이었다. 이 모든 일을 60일 안에 마치기로 계획을 세웠다. 하지만 공사란 늘 계획보다 오래 걸린다는 사실은 생각지 못했다.

결국 모든 재고를 킹스포인트점으로 옮겨야 하는 시점까지도 킹스포인트점은 여전히 공사 중이었다. 새 매장이 완성되기를 기다리는 동안 두 매장에 있는 값나가는 물건들을 근처의 작은 공간으로 옮길 수밖에 없었다.

1200평을 가득 채웠던 재고, 가구, 비품들을 300평밖에 안 되는 공간 안에 욱여넣을 수 있다고 믿은 사람은 나뿐이었지만, 나는 최선을 다했고 결국 공간은 서커스 자동차의 짐칸 버전으로 탈바꿈했다. 상자가 천장까지 쌓일 때까지 계속 쑤셔 넣었다가, 새 루프 매장 오픈일을 앞두고 쑤셔 넣은 재고들을 꺼내 다시 근처 공간으로 밀어 넣기 시작했다. 그런가 하면 루프 킹스포인트점 내부는 마치 정신병원 같았다. 흰옷을 입은 석고보드 기술자, 화가, 전기 기사, 배관공이 한데 얽혀 일하고 있었다. 시간은 째깍째깍 흘러 8월을 지나 9월로 접어들 무렵, 초가을이 내 곁을 스치는 게 느껴졌다. 겨울 뜨개 시즌을 앞두고 실을 준비해야 할 시기였다. 하지만 새 매장을 오픈하기도 전에 이윤을 생각하며 조바심을 내기보다는 인부들에게 동기부여 하는 일에 초점을 맞추기로 했다. 나는 내 미래를 쥐고 있는 거친 손의 인부들에게 매일 커피나 베이글을 사 들고 갔다. 그들과 수다를 떨며 작업한 내용을 칭찬했고, 매일 진심 어린 고마움을 전했다.

그중 잊히지 않는 기억이 있다. 천장에 매달기로 한 둥근 설치물 작업이 지연되고 있었다. 루프 남부점에 있던 것인데, 새로 여는 매장에 꼭 옮겨 달고 싶었던 설치물이었다. 옮기는 과정에 설치물에 상처가 나지 않도록 천으로 둘러싸야 했다. 그날은 하루 종일 현장에서 그들이 일하는 모습을 지켜봤다. 마침내 마지막 절차를 앞둔 시점에 시계는 밤 10시를 막 지나고 있었고, 화룡점정의 순간만 남겨두고 있었다. 온통 흰색 옷을 입고 석고와 페인트를 뒤집어쓴 남자 일곱 명이 설치물을 머리 위로 들어 올렸고, 두 명이 천장에 고정하는 일을 맡았다. 신호음이 울리자 모두가 숨을 죽이고 지켜보았고, 몇몇 남자들이 설치물 아래를 왔다 갔다 했다. 성공이었다! 모두가 환호하며 박수를 쳤다. 잘 될 줄 알았어. 새 매장은 예정대로 문을 열 수 있을 터였다.

다음 날 아침 일찍, 나는 다음 주 토요일로 예정된 오픈 행사 전에 공사에 관한 세부 사항을 마무리하기 위해 작업반장과 만났다. 하지만 "톱의 마법사"라는 별명을 지닌 랜디는 내게 좋지

"비행접시"를 설치하기 위해 단결한 킹스포인트점 건설팀.

않은 소식을 전했다.

그는 팔을 크게 벌려 끝도 없이 쌓여 있는 설치물, 판자벽, 하드웨어, 컴퓨터 그리고 우리가 옮겨 온 수백 개의 실 상자를 가리켰다. 모든 것이 절망적으로 뒤엉켜 있었고 건설 현장의 먼지가 두텁게 쌓여 있었다.

"한번 보세요."

랜디가 말했다.

"아직 실 상자도 못 열었는데, 일주일 안에 마무리가 되겠어요? 일정을 당긴다고 당긴 게 이 정도잖아요. 이 일 오래 해봐서 아는데, 이 정도면 다음 달로 넘겨야 해요."

나는 그의 눈을 똑바로 쳐다보았다.

"제 파트는 걱정하지 마세요. 저는 토요일까지는 준비가 될 거니까요. 그쪽은 토요일까지 될까요?"

그는 입가에 미소를 띠며 나를 돌아보았다. 그가 불가능하다고 생각하는 게 보였지만, 그저 웃는 것보다는 뭔가 결정하는 게 낫다고 생각하는 것도 보였다.

"말리지는 않을게요. 당신이 할 수 있다면 우리도 할 수 있겠죠."

그렇게 도전이 시작되었다. 내게는 일을 할 권리가 있었다. 그 자리에서 즉시 상자들을 끌어다 정리하고 진열을 어떻게 할지 계획을 세웠다. 나는 전동 공구를 꺼내 가게 조형물들을 조립했다. 먼지를 털고 진공청소기를 돌렸다. 물을 마시거나 남편이 가져다준 점심을 먹을 때 빼고는 남편과 이야기 나눌 시간조차 없었다. 마침내 자정이 지나서야 퇴근을 했다. 가게 문의 보안 알람을 설정하며 내가 한 일을 돌아보았다. 작게 빛나는 만족의 순간을 만끽했다. 단 하루 만에 루프는 공사장에서 곧 문을 열 가게로 변모했다.

다음 날 아침, 매장을 둘러보러 어느 때보다 서둘러 나왔다. 인부들에게서 새삼 에너지와 절박함이 느껴졌다. 랜디가 들어와서는 악수를 하려고 손을 뻗었다.

"놀라운데요. 어떻게 한 거예요?"

내가 웃으며 말했다.

"말했잖아요. 이렇게 될 거라고. 제때에 맞춰 된 거죠."

"이 말은 꼭 해야겠네요. 사실 작업자들이 동기부여가 잘 안 됐었어요. 하지만 어제 당신이 일하는 모습을 보고 정신이 번쩍 들었나 봐요. 이걸 해내느라 당신이 얼마나 이리저리 뛰어다니던지, 아마 다들 자기 눈을 의심한 모양이에요. 이젠 문제없어요. 인부들이 당신을 잘 따를 겁니다."

이제 공간은 잘 정리되었고, 머물고 싶을 뿐 아니라 일하기에도 좋은 곳으로 바뀌었기 때문에 나는 드디어 직원들을 불렀다. 루프 부대가 대규모로 집결했다. 빗자루와 청소용품, 박스를 개봉할 칼로 무장한 채. 상자들이 하나하나 열리고 새 실에는 가격이 매겨져 빛의 속도로 쌓여갔다. 컴퓨터를 설치하고 진열을 시작했다. 코바늘뜨기의 여왕인 셰리는 코바늘로 뜬 고리 모양의 장식품을 거대한 창문에 설치하기 위해 애를 썼다.

상승의 기운은 느끼기 마련이다. 오픈 예정일 전날 밤늦게까지 매장에 남아있던 사람은 셰리와 나뿐이었다. 우리는 가게 앞 창문에 코바늘 체인을 걸기 위해 사다리 위에 올라가 있었다. 공사 기간 내내 창문을 덮고 있던, 먼지가 가득한 갈색 종이를 떼어낸 것은 새벽 3시가 넘어서였다. 노곤함 속에서 가게 문을

셰리가 만든 코바늘 설치물은
오프닝 날 수많은 감탄사를 자아냈다.

닫으며 우리가 함께 이룬 것에 대해 기뻐하며 하이파이브를 하고 포옹했다.

4시간 후 토요일 아침. 대망의 오프닝 날. 나는 아침 7시 알람이 울리기 전에 깼다. 눈이 뻑뻑할 줄 알았는데 오히려 어느 때보다 푹 잔 느낌이었다. 거대한 평화의 파도가 밀려왔다. 내가 올바른 결정을 내렸다는 사실을 실감했다.

셰리는 코바늘 체인을 설치하느라 밤을 새웠다.

루프 킹스포인트점이 공식 오픈했다.

이건 실패가 아니었다. 오히려 이것은 새로운 시작이었다. 층고가 높은 노출 천장과 흰색 벽의 세련된 인테리어 덕분에 루프 킹스포인트점의 다채로운 실은 더욱 돋보였다. 그날부로 루프는 완전히 새로운 회사로 재탄생했다.

예상치 못한 일도 있었다. 두 개의 매장을 하나의 매장으로 합침으로써 온라인 쇼핑몰 재고 문제를 해결할 수 있을 것이라는 기대는 있었다. 이렇게 하면 구매 절차가 간소화되고 비용도 효율적으로 관리할 수 있을 거라고 예상은 했다. 관리자로서도 두

한층 높아진 노출 천장과 흰색 인테리어로 더 완벽해 보이는 루프 킹스포인트점.
갖가지 색감을 뿜어내는 실들의 향연이 돋보이는 현대적인 분위기의 매장으로 완성됐다.

개보다는 하나의 매장을 운영하는 게 더 쉬울 것이었다. 그런데 내가 미처 기대하지 못했던 것은 에너지였다. 팀 전체가 한곳에 모이는 에너지, 그리고 모든 고객이 한곳에 모이는 에너지. 그것은 명백했다. 북쪽 vs 남쪽의 대결 구도는 이제 없었다. 우리 vs 그들은 사라지고, 남은 것은 우리뿐이었다. 그 효과는 정말이지 놀라웠다. 판매량으로도 나타났다. 루프 킹스포인트점의 매출은 기존 두 매장의 매출을 합친 것을 훨씬 뛰어넘었다.

하루하루 매장은 전날보다 더 많은 기쁨, 더 많은 에너지, 더 많은 웃음으로 가득 찼다. 그리고 집안 분위기도 마찬가지였다. 세실리는 훨씬 더 잘 생활해 주어서 학교로 돌아갔다. 샘은 지리학을 전공하기 위해 오클라호마 주립대학교에 들어갔고, 사교 클럽에도 가입했다. 맬로리는 필드하키를 사랑했고, 학교를 좋아했으며 심지어 가끔은 루프의 모델이 되어 주었다.

  루프 킹스포인트점의 오픈 기운이 언제까지 갈 수 있을지는 알 수 없었다. 봄과 여름의 비수기를 어떻게 헤쳐 나가야 할지도 알 수 없었다. 하지만 잠시 나를 쉬게 하고 새로 매장을 연 기

새롭게 반짝이는 루프 킹스포인트점.

뽐을 즐기기로 결심했다. 내가 두려웠던 것은, 내가 실패로 기억되지 않을까 하는 점이었다. 하지만 내가 가장 끔찍하게 생각했던 부끄러움이 오히려 새롭고 위대한 시작을 만들었다. 여전히 해야 할 일이 많고, 배워야 할 것도 많지만 일단 커다란 한 발은 뗐다. 그리고 완벽한 것보다는 포기하지 않고 해내는 것이 더 훌륭하다.

chapter 26

오만한 실수

루프 킹스포인트점이 오픈하고 약 1년 뒤, 우리는 한 번도 해본 적 없는 일을 시도하기로 했다. 고객들은 '보그 니팅 라이브'나 '스티치' 같은 뜨개 행사에 왜 루프가 참여하지 않는지 오랫동안 궁금해했다. 각종 실 브랜드, 독립 핸드다이어와 실 가게들은 컨벤션 센터나 큰 호텔에서 열리는 이런 이벤트에 참가해 팝업숍을 열고 자신의 상품을 판매한다. 코로나19 이전까지는 이런 행사가 많은 업체에게 중요 수입원이었다.

새로운 루프 매장의 성공에 힘입어, 그리고 우리도 못 할 것 없다는 자신감에 힘입어 우리도 뛰어들기로 결정했다. 텍사스에서 열리는 '스티치' 행사에 커다란 부스 하나를 예약했다. 댈러스 지역에서 열리는 스티치 조직의 창립 기념 행사이기도 했다.

내 특유의 블루오션 스타일대로, 다른 어떤 곳과도 비교되지 않는 전대미문의 부스를 만들기로 했다. 사람들로 꽉 찬 부스 대신 천천히 거닐 수 있는 여유롭고 깨끗하고 세련된 루프의 미적 분위기를 반영하고 싶었다. 부스 벽 한쪽에 빙크와플 얀백을 죽 걸어놓고, 그 안에 여러 실과 도안, 간단한 키트를 담았다. 부스 가운데에는 작은 소파와 러그를 놓아 지친 쇼핑객들이 앉아 수다를 떨며 루프가 어떤 곳인지 알 수 있도록 했다.

수년간 광고 회사를 운영하며 고객을 위한 무역박람회 부스를 만든 경험이 없는 것도 아니었는데, 남편과 나는 이번에도 제시간에 부스를 완성하느라 진을 쏙 뺐다. 생각보다 신경 써야 할 일이 훨씬 많았고, 그 과정에서 도움받을 루프 직원들을 충분히 데려오지 못했기 때문이었다. 모든 것을 이삿짐 트럭에 싣고 주간 고속도로 제35호선을 탔을 때, 우리가 뭘 하고 있는지 감도 잡지 못했다는 사실을 깨달았다. 하지만 10년 전 아이를 갖기로 마음먹은 이후 오랜만에 남편과 함께 떠나는 모험을 그저 즐기기로 했다. 그 주말은 정말이지 즐겁게 보냈다. 우리가 갖지 못한 것은 매출뿐이었다. 또는 고객이라든지.

일단 이 행사는 기존의 스티치 행사보다 방문객이 90%나 적은 것으로 보고되어 전반적으로 엄청난 실패인 것으로 밝혀졌다. 나중에 알고 보니 DFW 파이버 페스트라는, 달라스에서 훨씬 유명한 행사가 바로 일주일 전에 열렸기 때문에 현지 뜨개인들이 참여하지 않은 것이었다.

하지만 패착은 이것만이 아니었다. 우리는 블루오션을 향해 서둘러 헤엄치느라 과제를 제대로 이행하지 않았다. 정말 큰 교훈을 얻었다.

나는 전에 스티치 행사에 참여해 본 적이 없었다. 만약 한 번이라도 참여를 해봤다면 가장 북적이는 부스, 그러니까 가장 사람이 많고 역동적이고 실이 많은 부스로 관람객이 몰린다는 사실을 알았을 것이다. 그랬다면 우리의 독점 실과 독점 도안, 그리고 스티치 고객들에게 새롭게 다가갈 키트로 부스를 채우려 노력했을 것이다.

더 최악인 것은, 이러한 전략적 오류를 범하는 과정에서 우리의 최고 이점을 낭비하고 말았다는 사실이다. 스티치에 처음 참여하는 사업자에게는 특별 지위와 함께 여러 혜택이 주어졌는데, 우리는 이것을 제대로 활용하지 못했다. 우리에게 호기심을 갖고 우리가 누구인지 궁금해하는 고객은 몇 없었다. 그 몇 안 되는 고객마저 우리 부스에 도착했을 때 우리가 제공하는 것들을 어떻게 사야 할지 몰라 어리둥절한 표정으로 어색하게 있다가 그냥 갔다.

남편과 나는 팔리지 않은 도구들을 챙기고 기운이 빠진 채 털사로 돌아갈 준비를 했다. 나는 메모했다. 다음번에 다시 참여하게 된다면 최대한 심혈을 기울여 준비하겠다고. 경쟁업체를 확인하고 고객이 정말 원하는 것이 무엇인지 이해하기 전에 내가 더 나은 방법을 알고 있다고 가정하는 오만한 실수를 다시 저지르지는 않을 것이다.

chapter 27

에너지 지키기

루프 킹스포인트점이 오픈하고 일주일은 그간 걸어온 시간을 돌아보는 시간이었고, 지금까지 내가 지나온 점들을 연결하는 시간이기도 했다.

샘이 자폐증 진단을 받은 것이 전에는 알지 못했던 내 안의 엄청난 에너지원을 발견하는 계기가 됐다는 사실을 깨달은 것도 그때였다.

마찬가지로, 맬로리가 태어나고 몇 주 뒤에 있었던 일련의 어둡고 불행했던 사건들 덕분에 나는 삶에 더 깊이 감사하고 내 에너지를 보호하는 일의 중요성을 깨달았다.

2001년 2월 말, 셋째 아이 맬로리가 태어났다.

그리고 6주 뒤, 나는 거의 죽은 것이나 다름없었다. 그것도 두 번이나.

옛 여성들에 따르면, 연이어 태어난 아이는 먼저 태어난 아이보다 몸집이 크다고 했다. 6.8킬로그램이나 되는 아이를 낳아

기네스북에 오르고 싶은 게 아니라면 27킬로그램이나 찌지 않기 위해 노력해야 했다. 개인 트레이너를 구해 면밀하게 식단을 짠 결과 맬로리를 임신했을 때는 15.8킬로그램만 쪘다. 출산이 수월하리라 생각한 건 그 때문이었다. 맬로리는 한 번만 힘을 줘도 쑥 나올 평균 크기의 아이일 것이 분명했다. 하지만 기대는 빗나갔다.

예정일에 맞춰 병원에 입원했다. 처음에는 모든 것이 순조로웠다. 유혹이 있기는 했지만 가능하면 하반신 마취를 피하고 싶었고, 자연 분만을 하기로 결심했다.

하지만 출산은 예정보다 더디게 진행됐다. 분만실의 아주 멋진 간호사가 아이가 빨리 나올 거라며 계속 하반신 마취 주사를 권한 것이었다. 그날 자정을 기해 내가 입원한 세인트 존슨 의료센터는 설립 75주년을 맞아 자정 이후에 태어난 첫 번째 아기에게 줄 풍선과 기저귀, 외투와 출산 앨범 등의 상품을 준비하고 있었다. 나와 유대감을 갖고 있던 이 간호사는 내가 그 행운의 주인공이 되기를 남몰래 바랐다. 그 경사란 그녀가 근무 교대를 하는 동안 일어날 것이었다. 일이 잘 풀리도록 하기 위해 그녀가 할 수 있는 모든 일을 한 셈이었다.

결국 그녀의 네 번째 제안에서 나는 하반신 마취제를 받아들이기로 했다.

하지만 간호사가 선의로 한 제안은 오히려 역효과를 낳았다.

자궁 수축 속도가 느려지더니 아예 멈춰버린 것이었다. 결국 제왕절개 가능성이 거론되기 시작했다. 하지만 앞서 두 번의 임신에서 제왕절개를 마다한 나는 이번에도 제왕절개를 하고 싶은 마음이 없었다. 내 힘으로 출산을 시도해 본 후, 안 되면 수술을 하기로 했다.

힘을 줬다. 계속해서.

두 시간 넘게 힘을 주었지만 맬로리는 협조적이지 않았다. 자궁 안이 너무나 편안해서 언제까지고 그 안에 평화롭게 머물고 싶을 뿐 세상에 입장할 준비를 전혀 하지 않는 것 같았다.

의료진은 마지막이라는 생각으로 나를 옆으로 돌아눕게 한 뒤 힘을 주게 했다.

말도 안 되게 어색하고 적응이 안 되는 자세였지만 분명 효과가 있었다. 내 아름다운 아이가 태어난 것이었다! 맬로리는 자궁 밖으로 나오면서 몇 군데 타박상을 입었고, 그 결과 생후 첫 주에 황달을 앓았다. 2주간의 검진 끝에 소아과 의사는 맬로리가 산도를 따라 내려오다 쇄골이 부러졌다는 사실을 발견했다. (맬로리가 태어나고 2주 동안 그렇게나 울어댄 건 당연했다!) 의사는 쇄골은 금방 저절로 나을 거라며 걱정을 내려놓으라고 했다. 우리는 세 번째 아이를 데리고 집으로 갔다.

하지만 날이 갈수록 이상하다는 느낌을 떨쳐버릴 수가 없었다. 맬로리가 아니라 내게 문제가 있는 것 같았다. 이상하게 피곤했다. 견딜 수 없을 만큼 피곤이 몰려왔다. 그때마다 이렇게 생각했다. '당연히 피곤하지. 다섯 살이 안 된 아이가 셋이나 있

는 데다 일도 하고 있잖아. 좀 쉬어야 해.'

하지만 꾸덕한 밀가루 반죽처럼 몸이 무거웠다. 침대에서 일어나 식사 준비를 한 뒤 모유 수유를 준비하는 모든 일이 힘에 부쳤다. 하루하루, 한 시간 한 시간이 전과 비교해 말할 수 없이 힘들었다. 세 아이를 키운다는 게 이런 건가. 내 남은 삶도 계속 이런 모습일까.

남편도 지쳤다. 내가 손대지 못하는 모든 부분을 감당해야 하는 그가 스트레스를 받고 있는 게 느껴졌다. 솔직히 말하면, 셋째 아이를 낳아 가족을 이렇게 어려운 상황에 빠뜨린 것에 대해 남편이 나를 원망하고 있다고까지 생각했다. 객관적으로 생각하기 어려운 시기였다. 나는 고립됐다고 느꼈고 절망감까지 안고 있었다. 남편과 나 사이의 대화는 최소한으로 줄어 거의 단어로만 말하기 시작했다. "점심?", "목욕 시간", "잘 시간".

맬로리가 태어난 지 5주 차에 우리 가족은 캔자스시티로 주말여행을 떠나 모처럼 무력감을 털고 즐거운 시간을 보내기로 했다. 하지만 그 여행에 관해 기억나는 건 멍한 상태로 캔자스시티 동물원을 돌아다닌 것뿐이다. 샘과 세실리는 잔뜩 신이 나 앞서갔고, 맬로리는 남편 등에 업혀 있었다. 내가 한 일은 그 뒤를 따라다니며 맥 빠진 미소를 짓는 것뿐이었다.

내가 왜 이러지? 다시 기운을 차릴 수 있을까?

그다음 주에 나는 맬로리를 유모차에 태우고 6주간의 검진 결과를 듣기 위해 산부인과를 찾았다. 그저 일반적인 검사 결과를 듣는 자리라고 생각했다. 남편을 잠깐이라도 쉬게 해주고 싶어 맬로리도 데려갔다.

의사가 검진 결과를 설명하기 시작했을 때, 상황은 아주 빠른 속도로 틀어지기 시작했다.

먼저 의사의 얼굴에 우려의 기색이 지나가는 걸 봤다. 그 뒤 물소리 같은 것을 들었다. 누군가 수도꼭지를 틀어 놓아 타일 바닥에 물이 튀는 소리 같았다. 출혈이었다. 그것도 아주 많이. 하지만 어떻게 해야 출혈이 멈출지 아는 사람은 없었다.

정신이 들었을 때, 나는 공중에 다리를 올린 채 머리가 아래쪽으로 가도록 누워 있었다. 진료실 침대에서 우웅 하는 소리가 났다. 나는 수술복을 입은 채 거꾸로 누워 있었고, 주변을 바삐 움직이는 간호사들의 다리가 보였다. 의사가 소리치는 게 들렸다. 공포에 질려 주변을 두리번거리는 사이, 누군가 맬로리의 유모차를 끌고 방 밖으로 나갔다.

"어떻게 된 거예요?"

공포에 질린 채 의사에게 힘없이 물었다.

"셸리, 나도 무서워요."

의사가 말했다.

다음 순간부터 내가 기억하는 것은 의료진이 나를 이동 침대로 옮겼고, 엘리베이터에 태웠고, 이동 침대에 탄 채 길을 건너 (병원 가운을 입은 채 길 한복판을 건넜다) 세인트 존슨 병원 응급실로 옮겨졌다는 사실이다.

알고 보니 내가 겪은 것은 진통 중에 자궁이 제대로 수축되지 않아 생기는 "태반 정체"라는 증상이었다. 보통 아이를 출산하면 태반이 몸 밖으로 완전히 배출되는데, 그 일부가 배출되지 않은 것이었다. 대개는 출산 중에 태반을 당겨 자궁 밖으로 끄집어내고, 그렇지 못한 경우에도 산모가 병원에 있는 동안 대부분은 태반을 배출한다. 하지만 어떤 이유에선가(아마도 맬로리가 병원 개원 75주년 선물을 받느라 야단법석을 떨었기 때문이 아닐까 싶은데) 의료진은 내게서 태반을 떼어내지 못했다. 6주 동안이나.

내 상태는 매우 불안정한 것으로 드러났다.

나는 첫 번째 병원 출혈에서 살아남았다. 의사는 아마도 문제가 해결됐다고 생각한 모양인지 나를 퇴원시켰다. 더 큰 문제가 있으리라는 걸 예상하지 못한 채로.

하지만 그들은 틀렸다.

며칠 후, 나는 맬로리를 돌보던 중 다시 심각한 출혈을 맞닥뜨렸다. 집 욕실 바닥에 쓰러진 나는 구급차를 타고 병원으로 갔고, 수술을 받아야 했다.

남편은 샘, 세실리와 함께 집에 있었다. 나는 수술 전과 후에 맬로리를 직접 돌보고 싶어서 병원에 데려가겠다고 했다.

수술에서 깨어났을 때 그동안 나를 휘청이게 했던 무력감과 피곤함 대신 엄청난 개운함을 느꼈다. 당장 마라톤이나 점핑이라도 할 수 있을 것 같았다. 세포 하나하나에서 에너지가 느껴졌다. 나는 돌아왔다.

그 순간, 나는 깨달았다. 내 허약한 몸 상태가 그동안 엄청나게 많은 에너지를 소모하고 있었다는 사실을. 그것은 손으로 만져질 듯 아주 구체적인 사실이었다. 하루하루 버티듯 살아온 나의 껍데기, 알 수 없는 출혈, 어떤 기쁨도 느끼지 못한 채 가까스로 버텨온 일상과 대비되는 온전한 상태의 차이점을 깨달았다. 그저 버티기로 결정함으로써 내 몸이 내게 말하고자 한 근원적인 진실을 무시해 왔던 셈이었다. 나는 고집스러웠고 어리석었으며, 그런 나를 내가 죽이고 있었다.

결국 고백할 수밖에 없었다. 내가 에너지를 다루는 방식에 문제가 있었다는 사실을.

나는 내 에너지를 돌봐야 했다. 에너지가 없이는 아이들과 남편, 그리고 나를 위해서도 내 자리에 있을 수 없었다. 많은 일을 처리할 수 있고 그것도 아주 열심히 할 수 있겠지만, 그 모든 일을 한 번에 할 수는 없다. 혼자서는 더더욱 할 수 없다.

루프 킹스포인트점을 열고 몇 년 뒤, 나는 돌아보고 성찰하는 시간을 가졌다. 죽을 뻔한 경험이 그 계기가 되었다. 나는 에너지를 비축하기 시작했다. 다음과 같은 질문을 스스로에게 하며.

어떤 아내가 되고 싶은가?

어떤 엄마가 되고 싶은가?

아이들에게 무엇을 물려주고 싶은가?

내 인생의 진정한 목적을 달성하고 있는가?

세상을 변화시키고 있는가?

루프 매장을 계속 키우려면, 세계 시장을 바라보려면 열심히 일하는 게 아니라 에너지를 유지하면서 똑똑하게 일해야 했다. 루프의 사명을 확실히 해야 할 때였다. 루프의 문화를 만들고, 나와 함께 대의를 공유할 왕성한 팀과 함께할 때였다.

앞으로 나아갈 때 기억해야 할 것 :

가끔은 풀어야 할 때도 있다. 푸르시오는 두려워할 일이 아니다. 우리는 푸르시오를 받아들이는 법을 배울 수 있다. 루프 남부점의 실패, 스티치 행사에서의 실패, 그리고 강아지 퍼가 받은 공격과 출산 후 출혈 같은 난관들. 이런 경험들 덕분에 나는 백업하고 학습하고 성장할 수 있었고, 잠재적으로 더 나은 것을 만들 기회를 얻었다.

열정에 불이 지펴졌을 때 창의력에 몸을 맡기자. 새로운 매장을 만들 때마다 나는 새로운 방식으로 창의력을 발휘했다. 비행접시 모양의 천장 설치물, 단추 진열장, 코바늘 사슬 체인 등 각각의 프로젝트는 내게 새로운 열정을 주었고 긍정적이고 창의적인 생각을 하게 해주었다. 그리고 여러분이 창의력을 발산하는 과정에 있는 동안 잊지 말기를. 끝까지 해내는 것이 완벽함보다 중요하다는 것을. 모든 실수를 마치 없던 일처럼 고쳐야 하는 것은 아니다. 어떤 실수는 그저 도안을 변경한 거라고 생각하고 넘길 수도 있다.

돌다리도 두들겨 보고 건너라. 스티치 행사는 약 2만 달러를 내고 치른 값비싼 실수였지만, 장기적으로 보면 수백만 달러를 절약했다. 전략을 세우기 전에 먼저 상황을 제대로 파악하는 것이 얼마나 중요한지 배웠기 때문이다. 창의력에 사로잡히기 전에 시장을 먼저 파악해야 한다는 사실을 잊지 말자. 더불어, 실수했다고 해서 늘 처음부터 다시 시작해야 하는 것은 아니라는 사실도 잊지 말자.

에너지를 보호하자. 에너지가 완전히 방전되기 전에 미리미리 인식하자. 현명한 뜨개인은 자신이 언제 지칠지를 알고, 징조가 오면 미리 뜨갯거리를 내려놓는다. 그렇지 않고 무리해서 뜨다 보면 큰 실수를 저지르기 마련이다. 기업가도 언제 쉬어야 하는지 스스로 인식할 필요가 있다. 매일 조금씩 쉬든, 주말이나 휴가 때 몰아서 쉬든, 당신에게 적절한 휴식을 주자. 쉼에서 돌아와도 일은 늘 당신을 위해 기다리고 있다는 사실을 잊지 말자. 지쳐 쓰러진 상태에서는 (혹은 병원 침대에 누워서는) 사랑하는 사람을 돌볼 수 없다.

네 번째 움직임.

창조적인
팀
키우기

chapter 28

첫 번째 루프 부대

기업가에게 두려운 일 중 하나는 직원을 고용하는 일일 것이다. 솔직히 자유롭게 일하고 싶어서 사업을 하는 것 아닌가. 누구도 납득시킬 필요 없이 내가 나의 보스가 되어 일하는 완전한 자유.

그렇게 모든 것을 혼자 하기 시작한 뒤에야 비로소 도움을 받을 수밖에 없다는 사실을 깨닫는다. 성장하다 보면 혼자서는 갈 수 없다는 사실을 깨닫는다. 우리는 결국 다른 누군가의 보스가 될 수밖에 없다.

이 사실을 깨닫고 나면 정말이지 기운이 쭉 빠진다.

하지만 돌이켜 생각해 보면, 만약 내가 루프를 다시 창업한다면 가장 먼저 하고 싶은 일은 더 많이 더 빨리 더 자주 도움을 받는 것이다.

그리고 직원을 많이 뽑기보다는 전문가를 많이 고용할 것이다. 독립적으로 일하는 사람들 말이다. 더 많은 컨설턴트와 멘토, 동료들을 찾아갈 것이다. 더 많은 책을 읽고, 수업을 듣고, 더 많은 멤버십에 참여할 것이다. 게다가 이 모든 일을, 어떤 행위를 피하기 위해서가 아니라 어떤 행위를 더 빨리 취하기 위해서 할 것이다.

유티카 스퀘어에 매장을 임대할 수 있다는 소식을 들은 날, 몇 달 뒤면 뜨개 공방과 광고 회사 운영과 더불어 살림도 함께 하게 될 거라는 사실을 알았다. 분명한 한 가지는 그 모든 일을 혼자서는 할 수 없으리라는 점이었다. 도움이 필요했다. 그것도 많이.

직원을 어떻게 고용해야 하는지 전혀 몰랐다. 구인 공고를 냈다가 지원이 쇄도할까 봐 광고를 내기가 두려웠다. 뜨개 공방에서 일하는 것이 모든 뜨개인의 꿈이라고 생각했기 때문이다. 게다가 면접을 볼 시간도 없었다. 할 일이 너무 많았기 때문이다. (그때는 직원을 잘 고용하면 할 일을 덜 수 있다는 사실을 몰랐다. 패닉 탓으로 치자.)

대신에 나는 엠마를 고용하기로 했다.

엠마는 늘 유티카 스퀘어점 스타벅스 한구석에서 뜨개를 하던 상냥한 독일인 여성이었다. 그녀는 내가 아는 누구보다 뜨개 속도가 빨랐고, 아름답고 완벽하고 정교한 작품을 완성했다. 실과 도안에 대한 취향도 뛰어났다. 라떼를 사러 갔을 때 우연히 알게 된 뒤로 우리는 자주 수다를 떨었고 뜨개 친구가 되었다.

한 가지 문제가 있다면, 그녀가 여왕벌의 가게에서 일했다는 사실이었다.

내가 그 무시무시한 실 가게를 방문한 이후 엠마는 다른 실 가게에서 몇 년 일했다. 하지만 그녀는 무척 친절해 보였다. 어쩌면 그녀 역시 그 가게의 까칠한 분위기가 힘들다고 생각하지 않았을까. 나는 기회를 엿보았다. 엠마는 이미 실 산업을 잘 알고 있었고 루프에 큰 도움이 될 것이 분명했다.

커피를 마시며 이야기를 꺼내기로 했다.

엠마에게 루프에 대한 내 비전을 이야기했다. 심지어 Hot Loops Wall이라는, 내 소중한 사업 아이디어 하나를 공유했다. 세련된 뜨개 공방에 대한 비전을 이야기했을 때, 특히 유티카 스퀘어에 가게 자리를 얻은 사연과 5월 오픈에 맞춰 준비 중이라는 사실을 말하자 엠마의 눈이 동그래졌다. 나는 함께 하자고 말했다.

엠마는 며칠을 고민했다. 실용적인 사람이니 아마도 이런 고민을 하지 않을까 생각했다. "손바닥 위의 새 한 마리가 덤불 안에 있는 새 두 마리보다 낫다." 엠마는 당시 일하고 있던 실 가게에서의 안락한 직장 생활을 포기할까, 아니면 이 젊고 미친 몽상가가 내미는 기회를 잡아야 할까를 고민했을 것이다.

결국, 미친 몽상가가 이겼다. 엠마는 늘 원했던 기회를 얻었다. 온갖 실을 직접 보고 주문할 수 있는 기회를.

그렇게 엠마와 나는 함께 일하게 되었다. 데이브와 함께 실을 구매하는 작업부터 시작해 다른 영업사원들을 만나고 몇 주간 뒷마당에서 실에 가격을 매기는 일까지. 내가 가게 디자인에 집중하고, POS 시스템을 선택하고, "루프 부대"라고 부르기로 한 첫 직원들을 고용할 동안 엠마는 실에 가격을 매기는 작업을 계속했다.

루프 부대라는 이 초기 팀에 대한 나의 비전은 한 마디로 다채로움이었다. 다양한 외모와 나이, 배경을 가진 직원들이 루프를 방문한 손님에게 인사를 건네고 안내할 수 있기를 바랐다. 나는 개인적으로 동네 부티크에 가는 것을 좋아했다. 부티크에 가면 저마다 다른 관점과 개인적인 안목을 가진 다양한 판매사원과 연결될 수 있었다. (매일 점장 한 명이 매장에 근무하는 것이 아니라) 직원들이 돌아가며 일함으로써 모두가 조금 더 설레는 마음으로 신나게 출근해 고객을 맞이할 수 있지 않을까 생각했다. 게다가 이렇게 하면 직원들도 쉬는 날에 뜨개를 할 수 있을 것이고, 그럼으로써 최신 뜨개 프로젝트에 대한 열정을 유지한 채 매장을 방문하는 고객들과 뜨개에 관한 이야기를 공유할 수 있으리라 기대했다. 집에서 뜨개를 하는 시간을 확보한다는 것은 뜨개 샘플이 많아진다는 것을 의미하며, 나는 이것이 실을 판매하는 지름길이라는 사실을 알았다.

"뜨개인들은 실이 아니라 프로젝트를 산다."

영업사원 데이브가 내게 준 최고의 조언이었다.

루프 1호점의 두 번째 직원은 놀랍도록 창의적이면서 다양한 공예를 즐기는 지나 H였다. 그녀는 대바늘, 코바늘, 스피닝, 퀼트, 바느질까지 두루두루 좋아했다. 늘 화려한 색감의 옷을 즐겨 입었고 최신 유행 디자인에 밝았다.

지나는 루프 취업에 큰 어려움 없이 자연스럽게 입사했다. 자신이 루프에서 일하게 될 것이라 확신한다고 했다. 그게 끝이었다. 그녀는 무언가를 강요받으면 아주 우아하게 거절할 줄 알았다. 그녀가 루프에서 훌륭한 영업사원이 될 것이라 확신했다. 좋은 친구가 될 것이었다.

지금에 와서 생각해 보면, 루프의 초기 직원들이야말로 가장 큰 축복이었다. 내가 그들을 찾아낸 것이 아니라, 그들이 내게 보내졌다고 믿는다. 매장 앞 창문에 작은 간판을 내거는 것 외에는 구인 광고를 한 적이 없었다. 첫 번째 루프 부대는 스스로 매장을 찾아와 직원을 구하지 않는지 물어온 사람들이었다. 활력이 넘치는 사람에게 함께 일할 의향이 있는지 물은 경우도 있기는 했다.

아기 담요 뜨기를 좋아하고 아주 밝은 웃음을 짓는 20대 사회복지사 애니, 한때 댈러스에 있는 나이만-마커스에서 최고 경영자로 일했던 우아한 바바라, 섹시한 여름 상의 뜨기를 좋아하고 코 피어싱을 한 싱글맘 켄달, 가르치는 일과 복잡한 도안 뜨기를 좋아하는 똑똑한 셰리, 코바늘 전문가이자 회계 담당자인

빌리 앤, 푸르시오와 잘못 뜬 것을 고치는 것을 돕고 재미있는 이야기로 우리 모두를 한데 뭉치게 하는 재주가 있는 착한 진.

모든 루프 부대원들은 실과 얽힌 저마다의 이야기를 지니고 있었다. 나는 각자가 어떻게 뜨개를 하게 되었는지에 끝없이 매료되었다.

엠마를 예로 들어보자. 제2차 세계 대전 중 아버지가 러시아군에 붙잡히자 엠마는 어머니와 여동생과 함께 집에서 도망쳤다. 그때 겨우 5살이었고, 엠마의 가족은 다른 많은 가족들과 함께 폭파된 볼링장에서 피난 생활을 했다. 엠마의 엄마는 가족을 먹여 살리고자 부유한 여성들을 위해 뜨개를 했다. 손이 어찌나 빨랐는지, 떠야 하는 작품을 다 뜨고 딸들에게 뜨개법도 가르치기까지 했다. 하지만 자라면서 뜨개에 능숙해질수록 엠마는 뜨개가 싫어졌다. 다른 세상에서는 아이들이 자유롭게 뛰어논다는 사실을 깨우친 뒤, 엠마는 뜨개를 하며 보내는 하루를 견딜 수 없었다.

엠마가 다시 뜨개를 하기까지는 수년이 걸렸다. 많은 시련이 뒤따른 뒤였다. 그리고 마침내 자신의 방식대로 자신이 원할 때 자신이 원하는 뜨개를 했다. 그런 과정이 초월적 경험을 선사하고 심지어 행복하게 한다는 사실을 깨달았다고 엠마는 말했다.

상상할 수 없는 상황에서 의무적으로 뜨개를 해야 했던 세월이 오히려 엠마로 하여금 무언가를 자신의 방식대로 만드는 기쁨에 더 깊이 도달할 수 있게 도왔음을 알 수 있었다. 그것은 선물이었고, 마땅히 소중히 다루어야 할 보물이었다.

다른 루프 부대원들의 이야기는 엠마의 것만큼 극적이지는 않았지만, 모두에게 공통점이 있었다. 바늘과 실만으로 무언가

유티카 스퀘어점 앞에서 포즈를 취한 루프 1호점 식구들.

를 만드는 일의 짜릿함. 창작이 주는 단순한 즐거움이 그것이었다.

비록 초기에는 팀을 꾸리는 일이나 팀원의 성격을 파악하는 일, 리더가 갖추어야 할 능력에 관해 아무것도 몰랐지만, 이것만은 직감적으로 알고 있었다. 우리가 공유하고 있는 공통된 열정에 집중할수록 더 재미있게 일할 수 있다는 사실, 그것이 성공으로 가는 더 나은 길이라는 사실을.

chapter 29

뜨개 코는 사람을 닮았다

처음 매장을 오픈한 후 바쁜 리듬에 적응해 가면서, 나는 최고의 뜨개 강사가 루프에서 강의하는 꿈을 꾸기 시작했다. 나는 뜨개계의 유명인을 몇 명 알고 있었다. 지역 뜨개 길드나 규모가 큰 실 가게에서 워크숍을 하기 위해 여행하는 디자이너들 말이다. 보그 니팅 매거진에서 알게 된 이들도 있고, 원래 유명한 이들도 있었다. 내가 소장한 뜨개 책에 등장하거나 도안을 만든, 나만의 유명인 말이다.

유명한 뜨개인이 방문하면 루프의 인지도가 올라가고 덩달아 유명해질 것이라는 사실은 알고 있었다. 솔직히 나도 그들에게 배우고 싶었다. 그래서 내가 좋아하는 유명 뜨개인들에게 마음을 가득 담은 이메일을 쓰기 시작했다. 그들이 얼마나 근사한지에 대해 쓰고, 다음에 실 가게를 여행할 때 우리 매장에도 들러달라고 썼다.

오랫동안 답이 없었다. 나는 헬메리치 씨에게 임대받기 위해 고군분투했던 때가 떠올랐다. 그리고 마침내, 정중한 거절 답장을 처음으로 받았다.

한 통 또 한 통. 그들은 같은 이유를 댔다. 털사는 너무 멀다는 것이었다.

"아쉽지만 마땅한 항공편이 없어요."

"올해에는 가까운 실 가게 몇 군데만 들르려고 해요."

"2년 내에 가는 쪽으로 한번 생각해 볼게요. 내년에 다시 한번 메일을 보내주실래요?"

마침내 나는 그 패턴을 인식하기 시작했다. 거물급 뜨개인(그럭저럭 유명하거나 조금 유명한 뜨개인도 모두)이 가고 싶은 곳은 정해져 있었다. 북동부와 태평양 북서부에 집중된 큰 실 가게와 길드, 그리고 뜨개 축제였다.

그들에게는 내가 세상에서 가장 크고 아름다운 실 가게를 운영하고 있다는 사실이나, 그들이 출간한 모든 도안을 갖고 있다는 사실 따위는 중요하지 않은 것 같았다. 내가 쓴 메일이 아무리 성의가 있어도, 내가 아무리 큰 개런티를 제시하더라도 그들에게는 중요하지 않아 보였다. 내 매장은 오클라호마주 털사에 있었기 때문이다. ("중부 어디쯤이죠? 텍사스에서 가깝나요?") 나는 늘 외부인인 것 같았다.

하지만 포기하지 않을 작정이었다. 그저 내 접근 방식을 약간 조정했을 뿐이다.

먼 곳으로의 여행에 두려움이 없는 디자이너가 누구인지, 먼

곳으로 떠나는 모험에 열린 마음이 있는지 알아보기 위해 조사를 시작했다.

그러다 우연히 루시 니트바이라는 디자이너를 만났다. 처음에는 무지개색으로 염색한 그녀의 머리에 시선이 갔다. 보라색, 파란색, 녹색, 분홍색. 보자마자 반했다. 그녀에 대해 조금 더 찾아보았다. 그녀는 엔지니어 출신이었고 더블니팅이라 불리는 복잡한 기술에 관심이 많았으며, 배를 타고 바다에 나가는 일을 좋아했다.

모험 쪽으로는 나와 맞겠다는 생각이 들었다. 게다가 그녀는 노바스코샤에 있는 탄쿠르라는 근사한 섬에 살았다. 남들이 가지 않는 곳에 기꺼이 발을 옮기는 사람이기도 했다.

나는 그녀에게 서둘러 메일을 보냈다. 거의 곧바로 긍정적인 답장을 받았다.

루시의 루프 방문은 내가 상상했던 방식 이상으로 파격적이었다. 워크숍이 열릴 때마다 티켓이 매진되었다. 열성 뜨개 길드와 심지어 다른 주에서 온 길드에서도 관심을 보였다.

하지만 가장 큰 변화는 훨씬 더 사적인 것이었다.

첫째로 루시는 내 뜨개를 칭찬했다! 나는 그녀의 수업에 참여하기로 했다. 내가 스와치 작업을 하고 있을 때, 그녀가 내 뒤로 와서 내 기법이 "사랑스럽다"고 말했다. 이상하게 들릴지 모르지만, 오랫동안 혼자 뜨개를 하며 맥가이버처럼 나만의 방식으로 뜨개를 하던 내게 그녀의 말은 어떤 인증처럼 들렸다.

두 번째로 주변 사람들이 변해가는 모습을 지켜봤다. 루시가 손님들에게 더블니팅이라는 매우 이국적인 개념을 설명하면서 기법을 하나하나 분해하고 그녀의 독특한 말투와 재미있는 이야기로 남김없이 가르침을 전하는 동안, 나는 그녀에게 뜨개를 배우는 한 명 한 명이 점차 그녀에게 의지하는 모습을 지켜보았다. 그들은 집중했다. 그리고 자신감이 눈에 띄게 상승했다. 매 수업이 끝날 때쯤, 그들은 더블니팅의 세계에 완전히 빠져들었고, 더 많은 프로젝트를 시작하고, 끊임없이 배우고, 계속 성장했다. 마치 씨앗이 싹을 틔우고 줄기가 자라 꽃을 피우는 타임랩스 영상 같았다.

그리고 루시는 우리에게 또 다른 교훈을 주었다. 겉보기에는 간단해 보이는 교훈이었지만, 그것은 내 안의 무언가를 휘저어 최근에야 진정으로 꽃을 피우기 시작했다. 그녀는 스티치의 구조를 설명하기 위해 다음과 같은 그림을 그렸다.

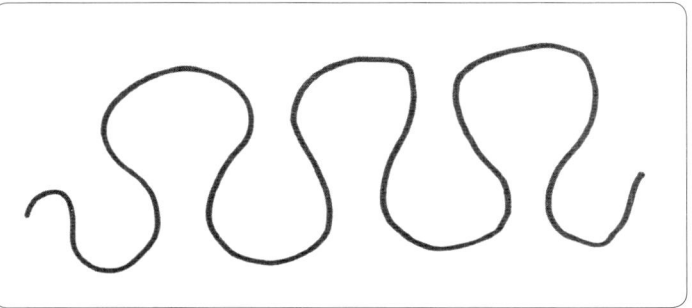

뜨개 코들.

그러고는 그림 안에 다음과 같이 눈과 입을 그렸다.

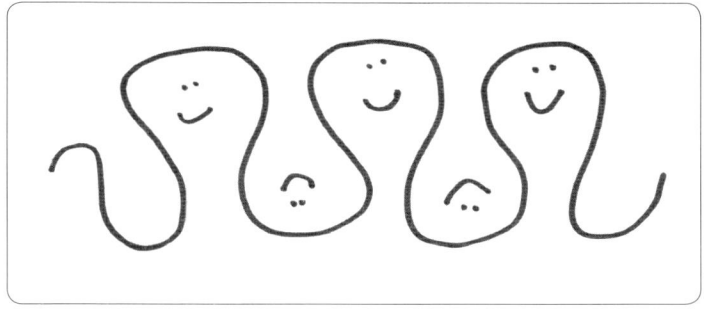

사람과 닮았다. 서로 연결되고, 균형을 이룬 채 행복한 사람들.

루시는 "뜨개코는 사람과 같아요"라고 설명했다. "우리는 모두 기본적으로 연결되어 있어요. 한 명 한 명 모두요. 좋아하는 스웨터가 어딘가에 걸려서 코가 늘어난 적이 있나요? 코가 잡아 당겨지면 옆에 있는 코들까지 당겨지고, 그 상태로 줄이 생깁니다. 하지만 코들이 여유 있게 자리를 잡고 있으면 옆에 있는 코들을 당기지도, 너무 헐겁지도 않지요. 딱 보기 좋게 제 몫을 하며 뜨개 편물 전체를 하나로 만들어요."

루시의 방문은 내 안의 열망을 깨웠다. 최고에게 배우고 싶다는 열망이었고, 멀리 있는 뜨개인들과 연결되고 싶다는 열망이었다. 루시가 우리 매장을 방문함으로써 사실상 지지를 보내준 덕분에 새로운 문이 열리는 것 같았다. 아주 조금.

그 뒤 몇 년간은 루프 유티카 매장에 몇 명의 놀라운 강사들을 초빙하는 것만으로 충분했다. 샐리 멜빌, 루이자 하딩, 그리고 알케미 얀스 오브 트랜스포메이션의 지나 와일드. 그들이 방문할 때마다 나는 다양한 뜨개 기법과 스타일의 깊이와 폭에 거듭 놀랐다. 그들의 섬유 이야기에 매료됐다. 그들이 어떻게 처음 뜨개를 배웠는지, 어떻게 그리고 왜 이전에 하던 일을 그만두고 뜨개를 직업으로 삼게 됐는지. 그들은 각자 전혀 다른 길을 걸어왔지만 우리의 길은 하나로 수렴되었고, 그 자리에 헬렌이 있었다.

헬렌은 내가 무역 박람회에서 만난 뜨개 디자이너였다. 페루 출신으로 페루어로 된 뜨개 책을 썼고, 또한 페루 여성들과 함께 뜨개로 만든 정교한 기성복을 제작해 판매하기도 했다. 나는 헬렌의 접근 방식에 사로잡혔고, 그녀가 디자인한 옷에 감탄했다. 그래서 그녀가 매장 오픈 2주년 주말에 루프에서 워크숍을 열기로 했을 때 감동했다. 우리는 현지 알파카 농장과 파트너 관계를 맺어 살아있는 알파카 두 마리를 현장에 둘 계획을 세웠고, 주차장 한가운데에 알파카 우리를 설치할 수 있도록 유티카 광장 측의 협조도 얻었다.

하지만 헬렌에게서는 조금 이상한 태도가 있었다. 그녀가 우리 집에 머물겠다고 우겼을 때 첫 번째 작은 경보음이 울리기 시작했다. 워크숍을 위해 방문한 뜨개인들은 종종 비용을 줄이기 위해 우리 집에 머물기도 했다. 이것은 다른 실 가게 사이에서도 흔한 관행이었고, 실 가게 운영자 입장에서는 워크숍으로 수입을 확보하기 위한 방법이기도 했다.

하지만 나는 다른 접근법을 취했다. 내 생각에 워크숍 비용이 행사의 고정비로 책정되든 아니든, 워크숍을 여는 것 자체만으로 얻을 수 있는 무형의 이익이 많았다. 매장의 매출이 늘고, 뜨개 기법을 배우고 싶은 뜨개인들이 계속해서 방문했으며, 워크숍을 통해 만족한 고객들이 우리 매장에 호의를 보였고, 워크숍을 진행한 디자이너 또한 마찬가지였다. 게다가 이 모든 일이 잠재 고객과 미래의 뜨개 강사에게 입소문으로 퍼져나갔다. 단도직입적으로 말해, 워크숍 한 번으로 상승한 매출은 몇 달간 지속됐다. 그래서 나는 워크숍을 하러 온 디자이너들에게 가능하면 가장 좋은 호텔을 제공했다. 마요 호텔 털사처럼 털사를 대표하는 고급 호텔을. 그러나 헬렌은 고집스러웠다.

"아니에요. 당신 집에서 함께 지낼게요! 저는 늘 호스트의 집에 머물거든요."

그녀가 말했다.

"좋아요, 원하는 대로 하세요. 하지만 말해둘 게 있어요. 우리 집에는 남편과 세 아이, 그리고 활기 넘치는 개들이 있어요."

"괜찮아요, 괜찮아. 와인을 마실 건데 문제없을 거예요."

그녀가 장담했다.

"그래요, 그렇게 확신한다면…"(나는 이미 이 소식을 브렌트에게 어떻게 전해야 할지 생각하고 있었다.)

"난 레드와인을 좋아해요."

헬렌이 말했다. 헬렌이 레드와인을 좋아한다는 사실을 마음속으로 메모했다.

헬렌이 자기 방을 가질 수 있도록 아이들 중 한 명을 다른 아이의 침실로 옮겼다. 그녀가 맬로리의 인형 컬렉션과 분홍색 거즈 이불이 덮인 쌍둥이 침대에서 자는 것을 꺼리지 않기만을 바랐다.

헬렌이 도착하자 모든 일이 순조로웠다. 나는 공항에서 헬렌을 태우고 매장까지 데려다주었다. 그녀의 워크숍은 훌륭했다. 모든 사람들이 나처럼 그녀에게 매료됐다. 그녀는 전화상으로 들었던 것보다 훨씬 카리스마가 있었다. 워크숍을 할 때 헬렌은 종종 웅장하고 대담한 손짓을 하고 강렬한 말을 했다. 그녀는 매기 스미스와 이사벨라 로셀리니가 합쳐진 할리우드 할머니를 떠올리게 했다. 아주 길었던 첫 번째 워크숍이 끝난 후, 우리는 집으로 향했다. 나는 기진맥진해서 금방이라도 곯아떨어질 것 같았다. 하지만 헬렌에게는 다른 계획이 있었다.

"이제 와인과 뜨개의 시간이군요!"

그녀가 말했다. 눈을 너무 크게 오래 뜨고 있는 게 실례가 될 거라는 사실을 깨닫고 얼른 거두었지만, 헬렌은 의지를 굽힐 생각이 없어 보였다. 그녀가 와인을 나보다 많이 마시고 내가 뭔가 도전적인 일을 한다면, 졸음을 쫓아낼 수도 있겠다고 생각했다. 헬렌이 두 번째 와인병을 따 열심히 마시는 동안 나는 몇 달 동안 고심해 왔던 프로젝트를 꺼냈다. 검은색 실크 실로 뜨는 드레스였다. 이 프로젝트에는 실용적인 구석이라고는 없었다. 뜨개인이라면 검정색이 뜨기 어려운 색이라는 사실을 알 것이다. 코가 잘 보이지 않기 때문이다. 그리고 실크는 너무 미끄러워서 바늘에서 코가 빠지지 않도록 각별한 노력을 기울여야 한다. 게다가 섬세한 레이스 실이라면 노하우도 제법 필요하다.

하지만 나는 무역 박람회의 틸리 토마스 부스에서 이 드레스를 보고 반했다. 그들은 비즈와 스팽글이 더해진 손 염색실을 전문으로 했다. 가게 주인들은 이 도안대로 떠서 완성한 드레스는 본 적이 없다고(내부 디자이너가 제공한 사진을 제외하고) 경고했지만, 나는 칵테일파티와 비즈니스 행사에 이 드레스를 입겠다는 낭만적인 계획을 품었다. 실 가게 주인에게는 최고의 리틀 블랙 드레스일 것이다.

하지만 내 낭만적인 생각은 도안을 따라 떠가면서 빠르게 사라졌다. 엉망이었다. 어떤 약어도 이치에 맞지 않았다. 설명서는 모호했고, 외국인이 쓴 느낌이 강하게 들었다. 뜨다 보면 대개는 이건 독일이나 프랑스 실 회사가 만든 도안이구나 하고 알아낼 수 있었지만, 이번에는 딱 꼬집어 말할 수 없었다. 그저 이해가 가지 않는 부분이 많은 도안이라는 사실을 알게 되었을 뿐이었다. 더불어 검은색 실크 실은 다루기 어렵다는 점도. 내가 이 프로젝트를 "지옥에서 온 드레스"라고 부르는 것도 놀랄 일이 아니다.

내 프로젝트를 보고 헬렌이 무엇을 뜨고 있는지 물었다.

"아, 보여드리기 싫은데… 이 도안은 엉망이에요. 설명이 너무 서툴러서 돈을 주고 샀다는 게 믿기지 않아요. 그 회사가 디자이너에게 도안을 받은 뒤 테스트하거나 읽지도 않고 그냥 인쇄한 게 분명해요. 말 그대로 내가 본 것 중 최악의 도안이에요."

"잠깐만, 어디 봐요."

헬렌이 눈을 가늘게 뜨고 도안을 보며 말했다.

"이럴 줄 알았어요. 이거 내가 만든 도안이에요."

세상에. 어떻게 이런 일이.

그러고 보니 디자이너 이름 칸이 비어있다는 사실을 깨달았다. 알고 보니 헬렌이 그들에게 도안을 판 뒤, 그들이 마음대로 자신들의 도안이라고 판매한 것이었다. 이런 우연이 가능하다니. 순간, 레드와인을 내려준 하늘에 감사했다.

헬렌이 화를 낼 줄 알았지만 그녀는 매우 즐거워 보였다. 우리는 한바탕 웃었고, 내 인생에서 가장 당황스러운 순간이 가장 극적인 순간으로 바뀌었다. 헬렌이 직접 도안을 설명하고 해설까지 덧붙여 주었기 때문이다. 그리고 마침내, 나는 드레스를 완성할 수 있었다! 헬렌의 도움이 없었다면 절대 불가능했을 것이다.

루시는 우리 모두가 뜨개로 엮여 있다고 말한 반면, 헬렌은 뜨개와 도안을 그렇게 심각하게 받아들일 것 없다고 했다. 지금 나는 세계에 있는 수백 명의 디자이너와 좋은 친구가 되었다. 그들은 내게 "전문가적 시각의 가치"라는 훨씬 더 큰 것을 가르

검정 실크 드레스 드디어 완성!

처주었다. 가능한 한 빨리, 가능한 한 자주 나오는 다른 외부의 관점을 수용하자. 그들 옆에 있다고 해서 전문성이 없어 보일까 봐 걱정하며 위협을 느낄 필요가 없다. 팔로워 수나 인지도 상승 때문이 아니라, 여러분 자신과 고객을 위해 새로운 길을 열 수 있도록 그들을 초대하자. 당신 브랜드와 당신의 영향력이 훨씬 더 풍부해질 것이다.

chapter 30

멘토를 찾아라

 루프 킹스포인트점 오픈 후 두어 달이 지난 어느 한밤, 나는 다가올 뜨개 비수기인 봄을 걱정하며 잠을 이룰 수 없었다. 침대 옆 테이블에서 핸드폰을 꺼내 페이스북을 스크롤 하는데 동영상 하나가 눈에 들어왔다. 역동적인 복식 테니스 듀오인 브라이언 브라더스가 복식 전략을 가르치는 중이었다.
 영상은 근사했고 정보는 훨씬 더 근사했다. 곧바로 내가 하는 일에 도움이 될 것 같은 몇 가지 팁을 알아냈다. 유익한 무료 영상은 계속해서 재생됐다. 나는 완전히 잠이 깨 새벽 2시에 침대 옆 탁자에서 메모를 했다. 그 영상의 내레이션은 한 번도 들어본 적이 없는 윌 해밀턴이라는 사람의 목소리로 재생되고 있었다. 그의 회사 이름은 우스꽝스럽게도 퍼지 옐로우 볼즈(Fuzzy Yellow Balls)였다. 이 모든 가치 있는 콘텐츠를 무료로 공개한 윌이 정말 대단해 보였다. 그리고 마지막 영상의 거의 끝부분에서 윌은 자신의 퍼지 옐로우 볼즈 온라인 아카데미에 약간의 금액을 내고 회원 가입할 것을 제안했다.

모든 것이 너무나 훌륭했다. 이런 식의 마케팅은 처음이었다. 먼저 무료 콘텐츠를 제공한 뒤에 회원 가입을 제안하다니. 나는 퍼지 옐로우 볼즈의 연락처를 검색했고, 한밤중에 윌에게 이메일을 보내 이렇게 물었다. 어떻게 이런 마케팅 모델을 생각해 냈어요? 어떻게 이렇게 좋은 영상을 많이 공개할 수 있었나요? 어떤 효과가 있던가요? 테니스 애호가로서뿐 아니라 브랜드 전문가로서, 소규모 사업주로서도 몹시 궁금했다.

윌에게서 답장이 왔을까?

그렇지 않았다. 그 뒤 나는 새로 문을 연 루프 매장과 광고 회사 일(아직도!)에 복귀했고, 그 이메일에 대해 잊고 지냈다. 하지만 그 영상은 마음 한구석에 남았다. 몇 주 후, 루프에 관한 글을 페이스북에 올리고 있는데 무언가가 눈에 들어왔다. 내 친구이자 코이구 울디자인의 소유주인 타이우 랜드라가 Product Launch Formula 또는 PLF라고 불리는 페이지에 좋아요를 누른 것이었다.

나는 그 페이지로 가서 링크를 클릭했다. 제프 워커라는 사람이 직접 개발한 방법에 대해 이야기하고 있었다. 무료 콘텐츠를 제공해 사람들에게 나를 알리고, 내가 가진 정보들을 볼 수 있게 한 뒤, 그 정보에 입각해 비용 지불 결정을 내리도록 하는 방법이었다. 직감적으로 깨달았다. 이것이 윌이 퍼지 옐로우 볼을 마케팅하기 위해 사용한 방법이라는 사실을!

나는 제프의 홈페이지에 가입한 뒤 무료 영상들을 실컷 봤다. 꼭 그가 내게 직접 말하는 것 같았다. 그는 "희망 마케팅"에 대해 끊임없이 다양한 제안을 내놓으며 무언가가 지속되기를 바란다고 말했다. 희망 마케팅이란 출시 마케팅과 대조적으로, 무언가를 출시하기 전에 사람들이 관심을 가질 만한 이벤트를 만들고, 제품 구매 여부와 상관없이 고객에게 유익하고 영감을 줄 수 있는 귀중한 정보를 공유함으로써 고객들을 머물게 하는 방식이었다. 나는 이런 마케팅 방식이 주는 짜릿함이 좋았다. 이런 식으로 고객을 응대해야겠다는 생각이 들었다. 무엇보다도 제프의 진실성과 진정성이 좋았다. 그에게는 잘나 보이려는 의도가 없었다. 그저 평범한 사람이었다.

제프가 제공하는 풀코스를 신청하려니 내가 생각한 금액보다 훨씬 높았다. 2,000달러나 됐다. 크리스마스 직전이었고, 우리 가족은 허리띠를 더욱 꽉 졸라매야 하는 상황이었다. 하지만, 퍼지 옐로우 볼즈 덕분에 나는 이 방법이 효과적이라는 것을 알았다. 실제로 내게 효과가 있었다. 이제 웬만한 것에는 놀라지 않는 마케팅 전문가인 내가 말이다. 나도 한번 시도해 봐야겠다 싶었다.

자, 온라인 강좌에 2,000달러를 지불한 사람이라면 어떻게 할까. 누구나 최대한 빨리 모든 콘텐츠를 시청하고 강좌에서 제안하는 대로 실행하리라 생각할 것이다. 왜 아니겠는가? 나 역시 모든 영상이 공개되자마자 시청하고, 모든 워크시트를 출력하

제프의 강좌를 듣고 필기한 내용으로 가득 찬 벽.

고 일해야겠다고 생각했다.

매주 다음 영상이 업로드되기를 기다렸다. 일주일에 하루를 통째로 할애해 영상을 꼼꼼히 본 뒤 메모를 해 벽에 붙이니 한쪽 벽이 순식간에 꽉 찼다. 배울 것이 많았다. 그리고 PLF의 두 번째 영상을 보는 시점에는 이미 첫 제품 출시 아이디어가 떠올랐다.

다른 곳에서는 구할 수 없는 색감의 고급스러운 손 염색실로 키트를 만들어 판매하자는 아이디어였다. 우리는 실에 어울리면서 유행에도 맞는 쉬운 패턴을 디자인하고 재미있는 요소들을 추가하여, 이 모든 것을 매달 정해진 날에 전국의 뜨개 애호가에게 배송할 것이다. 우리는 이런 키트를 활용해 새로운 기법을 가르치고, 비디오 튜토리얼을 만드는 것을 목표로 잡았다. 이것을 "루프 클럽"이라고 부르기로 했다.

나는 키트를 보내주는 어떤 종류의 온라인 회원권도 가져본 적이 없었다. 그래서 우리가 어떤 기법을 사용할지, 어떻게 그것을 만들게 될지 전혀 알지 못했다. 하지만 제프의 프로그램을 보며 확신했다. 완주하는 것이 1등보다 중요하다. 방법을 찾을 수 있을 거야.

루프 클럽은 내가 제프의 프로그램을 구입한 지 불과 3개월 만인 2014년 3월에 시작했다. 우리는 7일 만에 3개월 회원권 500개를 팔아 총 75,000달러를 벌었다. 10년 전 헬메리치 씨로부터 유티카 스퀘어 임대 계약을 따낸 직후처럼, 이제 그것을 실현할 방법을 찾아야 했다.

정신이 없었지만 계속 나아가야 했다. 공공연하게 베타 론칭이라고 불렀기 때문에 손님들은 우리가 이걸 계속하리라는 걸 알 것이었다. 알고 보니, 그들은 뜨개계의 최전선에서 일어나는 최첨단 실험에 참여하기를 좋아하고 있었다.

그리고 3개월 후, 우리는 이 일을 계속할 수 있는 노하우가 충분히 있다는 사실을 알게 되었다. 멤버십을 월별 옵션으로 제공하는 안으로 다시 론칭했다. 두 번째 루프 클럽 출시의 총매출은 15만 달러였다. 그러다 문득 깨달았다. 이렇게 하면 지난 10년 동안 루프를 괴롭혔던 성수기-비성수기 격차를 줄일 수 있다는 사실을. 더는 가을과 겨울에 바짝 팔고 봄과 여름에 가뭄을 앓는 일을 되풀이하지 않을 수 있을 것 같았다. 멤버십이란 일관적인 현금 흐름을 의미했다.

멤버십이 주는 예측 가능성이란, 도매로 주문한 실을 곧바로 소매 판매할 수 있으므로 안심하고 주문할 수 있음을 의미했다.

루프 클럽의 "블루 스웨그 가방" 키트 배송 준비 중.

또 다른 두려움과 의심도 사라졌다. 잘 안 나가고 쌓인 실을 재고 처리하느라 애쓰지 않아도 된다는 사실이었다.

두려움이 덜해지니 창의성이 높아졌다. 나는 루프 클럽 키트의 도안을 직접 디자인하는 나를 발견했다. 디자이너 교육을 받지는 않았지만, 내가 어떤 뜨개를 좋아하는지는 알았다. 고급스러운 실로 만든 단순하고 편안한 도안, 빨리 완성할 수 있고 예쁘면서 착용이 쉬운 프로젝트. 가끔 키트를 구성할 실을 고를 때, 나는 실의 특징을 최대한 살려주면서도 단순하고 재미있게 뜰 수 있는 도안에 관한 명확한 아이디어를 얻고는 했다. 실과 색상 개발, 디자인, 스타일링, 사진, 그리고 수백 개의 파란 가방을 포장해 우편으로 발송하는 일까지 내 비전을 실현하는 일들은 믿을 수 없을 정도로 보람 있었다. 전국, 심지어 세계로 뻗어가는 뜨개 친구들과 함께 기뻐하며 하나가 될 준비가 되어 있었다.

루프 클럽이 만들어진 지 4개월 차에 꽤 중요한 조립 라인이 들어간 키트를 포장하던 중 나는 이메일을 확인했다. 제프 워커가 전체 수강생에게 보낸 메시지였다. 그는 콘테스트를 연다고 했다. PLF를 통해 성공을 거두었다면, 여러분과 여러분의 사업에 어떤 도움이 되었는지 짧은 비디오를 만들어 보여주면 좋겠다는 내용이었다.

수상자 특전까지는 들을 필요도 없었다. 그가 내게 가르쳐준 것, 그리고 그것이 내 인생을 어떻게 변화시켰는지에 고마운 마음으로 가득 차 있었으니까. 나는 직원들이 루프 클럽 가방을 포장하고 있는 뒷방을 나와 휴대폰을 셀카 모드로 바꾸고 촬영을 시작했다. 나는 제프에게 진심으로 고마웠고 PLF가 나와 우리 팀, 고객, 그리고 가족을 위해 무엇을 해줬는지 알려주고 싶었다. 그런 뒤 보내기 버튼을 누르고 아무런 기대 없이 그저 감사를 표현했다는 사실에 뿌듯함을 느끼며 포장에 여념이 없는 직원들에게 돌아갔다.

다음 주, 나는 제프 워커로부터 "개인"이라고 표시된 이메일을 받았다. 열자마자 가슴이 두근거렸다. 그 대회에서 내가 준결승 진출자로 뽑힌 것이었다. 제프의 아들 댄이 "사례 연구"를 찍으러 털사로 오겠다고 했다. 세상에!

댄이 도착했을 때 나는 정말 긴장했지만, 그는 즉시 나를 안심시켰다. 그는 20대였지만 내 이야기를 빠르게 이해하고 숲을 그릴 줄 아는 묘한 능력을 지니고 있었다. 고작 오전 몇 시간 동안 우리는 세 군데나 장소를 옮기며 촬영을 했다. 가족과 함께 있는 우리 집, 루프 매장, 그리고 테니스 코트에서. (테니스를 치는 내 이상한 자세를 이제 전 세계의 PLF 멤버가 보게 됐다.)

일주일 후, 편집되고 다듬어진 내 사례 연구 영상을 보았을 때 나는 감동했다. 댄은 내가 25년 넘게 광고 일을 하면서 만난 가장 재능 있는 비주얼 스토리텔러 중 한 명이었다. "북 vs 남" 대결로 가슴앓이를 하던 때에 느꼈던 두려움에 관해 말하는 나를 보니 눈물이 흘렀다. 그리고 실수를 받아들이기로 결정한 뒤

느낀 거대한 안도감, 매장을 새로 연 일, PLF를 발견한 일, 루프 클럽을 시작한 일까지. 갑자기 내가 어디에 있었고, 어디로 향하고 있는지 3만 피트 위에서 조감하는 기분이 들었다.

나는 사례 연구에서 우승을 차지했다.

알고 보니 수상자에게는 제프가 직접 진행하는 연례행사인 PLF 라이브에 무료로 참여하는 기회가 주어졌다. 그해에는 피닉스에서 열릴 참이었다. 나는 그 행사에 대해 딱히 기대하는 바가 없었다. 하지만 행사장에 들어서서 천여 명의 기업가들이 록그룹 화이트 스트라이프의 '세븐 네이션 아미'를 부르며 방방 뛰는 것을 보았을 때, 이번엔 좀 다를 것 같다는 생각이 들었다.

잠시 뒤 제프 그룹의 영상이 시작됐다. 이것 역시 처음 보는 것이었다. 그리고 내게 깊은 영향을 끼쳤다. 그때의 내가 지금도 생생히 떠오른다. 일만 피트 상공에서 비행하며 내 다음 10년을 내려다보고 있었다. 세계를 여행하고, 혼자 하는 취미인 뜨개를 어디에서나 연결하고, 뜨개와 창작에 대한 사랑을 담아 그들을 하나로 묶는 내 모습을 상상했다. 나는 이것이 무엇을 의미하는지, 어떻게 실현할 수 있을지 알지 못했다. 하지만 놀라운 경험인 것은 분명했다.

나는 그 시각 자료에 너무 깊은 감동을 받아서 사례 연구 발표를 앞두고 긴장하는 것도 잊었다. 그리고 어느덧 나는 커다란 모니터 앞에 서 있었고, 수천 명의 참가자가 내가 겪은 사업상의 어려움과 변화에 귀 기울이고 있었다.

다음 쉬는 시간, 많은 사람이 내 경험에 대해 더 듣고 싶어 하며 내게 다가왔다. 전혀 예상하지 못한 일이라 사람들이 내 앞에 길게 줄을 선 것을 보고 조금 당황했다! 하지만 이 일이 꽤 인상 깊었다는 사실은 인정하지 않을 수 없다. 나는 아침에 겪은 일들로 꽤나 들떠 있었다.

애나라는 이름의 여성이 내게 말을 걸기 위해 나섰을 때, 나는 자세히 듣고 있지 않았다. 그녀는 나에게 캘리그래피 서밋에 대해 들어본 적이 있는지 물었다. 갑자기 웬 캘리그래피 이야기일까? 요즘도 그런 걸 하나? 하지만 곧 그녀는 인스타그램에서 몇몇 유명한 캘리그래퍼와 어떻게 파트너 관계를 맺고 "온라인 서밋"이라고 불리는 것을 구성했는지 설명했고, 꽤 큰 성공을 거두었다는 사실도 말했다.

관심이 있는 것처럼 보이기 위해 줄 서 있는 다음 사람을 힐끗 쳐다보며 멍하니 물었다.

"그래요? 얼마나 성공했는데요?"

그녀의 대답을 듣고 나는 그녀에게 집중하기 시작했다. 그녀는 함께 힘을 모아 뜨개 서밋을 준비하는 게 어떤지 물었다. 흥미로운 제안이었지만 처음부터 덥석 뛰어들 자신은 없었다. 그때 나는 너무 바빴기 때문에 서밋이 방해가 될 수도 있겠다고 생각했다. 하지만 아주 오래전에 세련되고 모던한 뜨개 공방을 차리겠다고 꿈꾸었던 것처럼 서밋에 대한 생각이 머릿속을 떠나지 않았다. 뜨개인이 이런 일을 해 본 적이 있던가. 만약 최고의 디자이너들에게 나와 함께 서밋을 하자고 설득할 수 있다면 어떨까. 광고라는 내 배경과 뜨개 경험을 결합한다면 꽤 근사할 것 같았다.

적어도 시도는 해볼 수 있지 않을까. 그리고 지금 이 책을 읽고 있는 모든 기업가들은 다음에 무슨 일이 일어났는지 예상할 것이다. 진정한 기업가라면 안다. 세상을 바꿀 잠재력을 가진 진정한 게임 체인저의 유혹에 저항하는 일은 사실상 불가능하다는 것을.

나는 애나와 회의를 했다. 애나가 그날 나와 대화하기 위해 오랜 시간 공들여 준비했다는 사실을 안 것은 몇 년 뒤였다. 그녀는 제프가 보낸 이메일을 통해 내 사례 연구를 봤고, 내가 라이브 이벤트에 참석할 것이라고 추측했다. 나를 만날 준비를 마쳤고, 그것은 곧 성과로 이어졌다. 우리 둘 모두에게.

첫 온라인 마케팅 멘토를 찾기까지 10년에 가까운 온라인 쇼핑몰 경험이 필요했어야 했나 지금 생각해도 잘 모르겠다. 그저 내가 최고의 멘토들과 작업하게 된 것이 믿을 수 없을 만큼 감사할 따름이다. 나는 현재 제프 워커의 플래티넘 플러스 멤버 중 한 명이다. 온라인 공간을 운영하는 수많은 멘토들과 함께 일하고 있다. 제이슨은 나와 내 팀이 고객 경험을 활용할 수 있도록 도와줬다. 애니는 내가 리더로서 성장하고 루프 리더십 팀을 발전시키는 데 도움을 줬다. 마이클은 우리의 제안을 더 명확하고 역동적으로 제품에 반영할 수 있도록 도와주었다. 스투는 "세상을 함께 뜨자"라는 내 미션 아래 이 운동을 어떻게 성장시켜 나아갈지 도와주었다. 나는 계속 앞으로 나아갈 것이다.

(알고 보니 윌 해밀턴도 나와 마찬가지로 플랫 플러스(Plat Plus) 멤버였다. 그가 여전히 그 이메일에 답장하지 않아서 슬프다!)

내가 하고 싶은 말은 이것이다. 멘토를 찾아라. 가능한 한 많은 멘토를 찾고, 여유가 있는 한 빨리 유료 멘토를 고용하자. 개인 코칭을 받을 여유가 없다면, 온라인 강좌를 듣고 멤버십에 가입하고 일단 무료 자료가 있는지 확인해 가장 적합한 것을 찾자. 그러면 노력이 효과를 보이기 시작하면서 멘토를 발견할 수 있을 것이다. 실컷 배우자. 그리고 여러분이 어느 정도 주목받기 시작하고, 다른 사람들을 지도할 정도로 성장했을 때에도 방심하지 말고 많은 멘토를 만나자. 절대, 절대, 절대, 절대 배움을 멈추지 말자.

chapter 31

파트너, 이별, 극복

첫 PLF 라이브가 끝나고 얼마 지나지 않아 애나와 나는 헤어지기로 했다.

우리는 세계 최초의 온라인 뜨개 서밋을 만들었고, 우리가 정말 잘 맞는다는 사실도 알았다. 애나는 학교에서 도시계획을 공부했고, 애플에서 근무했으며, 아주 논리적이고 체계적인 사람이었다. 그녀의 재능은 나의 강점인 창의력과 완벽한 균형을 이루었다.

대체로 애나는 기술, 재무, 고객 서비스 구조를 담당하고 나는 마케팅, 크리에이티브 및 생산을 담당하기로 합의했다. 하지만 직원이 없는 스타트업이므로 업무 강도가 높을 것이라는 사실은 둘 다 알고 있었다.

행사 이름을 브레인스토밍하는 것으로 시작했다. 애나가 "모던 니트 서밋"이라는 이름을 제안해 그것에 대해 곰곰이 생각하다가, 내가 좋아하는 아이디어가 떠올랐다. 나는 그것을 스케

니트 스타즈라는 이름을 떠올린 날 그린 오리지널 스케치.

치한 뒤 어떤 것 같냐고 애나에게 문자를 보냈다. 그렇게 "니트 스타즈 서밋"이라는 이름이 정해졌다.

다음으로는 니트 스타즈 첫 시즌에 뜨개 워크숍을 맡아줄 스타 뜨개인들을 섭외할 차례였다. 바로 그 단계에서 조금은 김이 빠질 만한 몇 가지 굵직한 실패를 경험했다. 내가 이메일로 접촉한 처음 두 명의 스타 뜨개인들은 나를 거절한 정도가 아니라 내 요청을 완전히 무시했다.

나는 오히려 대담해졌다. 페덱스 패키지를 통해 두 번째 편지를 보냈고, 심지어 편지 중 하나에는 뜨개로 작은 별을 만들어

동봉하기도 했다. 자기만을 위해 손으로 뜬 선물을 받고도 요청을 무시할 수 있는 사람이 있을까? 내 생각에는 그랬다. 하지만 거절당했다.

루프 유티카점에서 보낸 초기 시절의 모든 의심과 불안이 다시 밀려왔다. 나는 심각한 가면 증후군에 시달렸다. 만약 10년이 지났는데도 유명 뜨개인들이 나를 인정하지 않으면 어쩌지? 만약 그들이 날 그냥 능청스러운 마케터로 생각한다면? 루프를 진지하게 생각하지 않는다면? 아니면… 그들이 새로운 걸 두려워하는 거라면?

이 모든 일에 대해 애나에게 하소연하니 애나는 아주 훌륭한 조언을 들려주었다.

"유명해지지 않아도 괜찮아요. 처음 해보는 일이잖아요. 너무 부담스럽지 않은 사람에게 물어보세요. 칵테일파티에서 함께 대화하고 싶은 그런 사람들이요."

즉시 한 사람이 떠올랐다. 니트 콜라주 사장인 에이미 스몰이었다. 에이미의 주된 직업이 디자이너는 아니었지만, 뜨개 박람회에 가면 늘 가장 만나고 싶은 사람이 바로 에이미였다. 그녀는 부피가 큰 아트얀에 초점을 맞춘 자신의 실 회사를 시작하기 전에 보헤미안 의류 및 라이프스타일 브랜드인 프리피플에서 일했다. 나는 에이미의 따뜻함과 미소, 에너지를 사랑했다. 그녀에게 서밋에 참여할 수 있는지 물어봐야겠다고 생각했다.

내 질문이 끝나기가 무섭게 에이미가 대답했다.

"할게요!"

이 일이 스테판 웨스트에게 연락을 취할 수 있는 용기를 주었다. 스테판 웨스트는 2012년에 루프 매장을 방문한 적이 있고, 이미 유명한 데다 엄청난 인기를 누리고 있는 디자이너다. 세상에, 그 역시 긍정의 답을 들려주었다. 그 후부터는 도미노처럼 반짝반짝 빛나는 별들이 우수수 떨어졌다.

첫 번째 니트 스타즈 라인업이 너무나 독특해서 한 가지 아이디어가 떠올랐다. 그들을 촬영하러 갈 때, 강의용 비디오만 찍지 말고 다른 것도 해보면 어떨까? 이를테면 그들에 관한 다큐멘터리 필름 형식의 영상을 찍는다든지. 무엇이 그들을 고무시키는지, 디자인 과정은 어떻게 이루어지는지, 무엇이 그들을 쉴 새 없이 움직이게 만드는지 등등.

애나는 동의했다. 하지만 촬영을 시작하기 전에 준비가 필요했다. 영상을 만들기 위해서는 자금을 써야 했고, 따라서 이 콘셉트에 자금을 들일 만하다는 사실을 우리 자신에게 설득시켜야 했다.

무료 뜨개 영상이 온라인에 널렸는데, 사람들이 과연 200달러를 내고 니트 스타즈에 올까? 아무것도 보여주지 않은 상태에서 어떻게 티켓을 팔 수 있을까?

결국 뜨개 스타 세 명과의 줌 인터뷰 일부를 공개하기로 했다. 영상마다 각자의 뜨개 팁을 공유했고, 나는 훌륭한 뜨개 선생님들이 내 뜨개 생활을 얼마나 변화시켰는지, 내가 그 선물을 어떻게 세상과 나누고 싶은지에 대해 이야기했다.

첫 번째 니트 스타즈에서 사람들이 가장 좋아했던 순간은 스테판 웨스트가 암스테르담에 있는 자신의 작은 아파트에 마련한 작업장을 공개했을 때였다. 그가 갖고 있는 방대한 실뿐 아니라 진행 중인 미완성 작품들이 드러났다. 이 작은 관음증적 순간은, 뜨개인들이 실을 쟁이며 느끼는 은닉 죄책감을 씻어주었다.

'니트 스타즈 1.0 얼리버드 론칭'이라는 쇼핑카트를 열었을 때, 애나와 나는 숨을 죽였다. 첫 번째 판매가 시작된 것이었다. 애나는 첫 번째 구매자의 세부 정보를 보더니 그녀가 싱가포르에서 구매했다고 했다. 진짜?

그때까지만 해도 참가자들은 모두 북미 거주자일 것이라고 짐작했다. 이게 틀릴 줄이야! 알고 보니 북미와 유럽 바깥에도 유명 뜨개 스타들을 팔로우하는 이들이 많았고, 그들에게 뜨개를 배우고 싶지만 기회를 갖지 못한 수천 명의 뜨개인이 있었다. 7일 후에 판매를 마무리할 무렵, 자정 직전에 마지막으로 구매한 사람은 두바이에 사는 뜨개인이었다.

우리에게는 자금으로 쓸 수 있는 돈이 제법 모였고, 이제 니트 스타즈는 그 콘셉트를 증명하는 것 이상으로 나아가고 있었다. 사실 그것은 우리가 꾼 가장 엉뚱한 꿈마저 뛰어넘은 상태였다.

모든 과정이 끝나고 판매가 완료된 시점에 전 세계 2천 명 이상의 뜨개인이 니트 스타즈 1.0에 참여했다!

워크숍이 근사하게 남기를 바라는 마음에 댄 워커를 고용해 촬영하고 편집을 했다. 단 몇 달 만에 열 명의 스타들이 참여하는 전체 워크숍을 계획하고, 여행하고, 촬영하는 일은 예상보다 훨씬 힘든 작업이었다. 하지만 워크숍이 처음 시작되었을 때 뜨개인들의 반응이 나를 겸손하게 했다. 니트 스타즈 참가자들은 하나같이 그들의 경험을 긍정적으로 들려주었다.

"이게 내 뜨개 인생을 바꿨어요!" 많은 사람들이 외쳤다. 한 사람은 "나는 당신이 뜨개 교육의 새로운 패러다임을 만들었다고 믿는다"고 했다. 많은 이들이 우리가 건설한 공동체의 긍정적인 면을 언급하며 격려를 아끼지 않았다. 그리고 물었다.

"니트 스타즈 2.0은 어디서 등록하나요?"

애나와 나는 니트 스타즈 2.0 행사 계획을 서둘렀다. 팀원을 추가로 고용하지도 못한 채 쉬지 않고 일했다. 다음 해 행사에는 전년보다 두 배 많은 뜨개인이 가입했다. 그리고 여전히 댄에게 촬영과 편집을 도움받은 것을 제외하면 우리 둘이서 모든 일을 해내고 있었다.

니트 스타즈 2.0의 경우, 댄과 나는 유럽으로 건너가 아일랜드 코크에 자리한 헤지호그 섬유의 베아타 지젝, 암스테르담의 낸시 마르샹, 파리의 라비앵 에이미와 함께 촬영하기로 했다. 메인 영상을 촬영하는 틈틈이 나는 휴대폰으로 과정 영상을 촬영했다.

한 가지 문제가 있다면 이것이었다. 내가 20년 넘게 해외여행을 하지 않았다는 사실. 그때 나는 바다 위를 나는 일이 아주 무서웠다. 하지만 여전히 더 많은 세상을 보고 싶었다. PLF 라이브에서 내가 전 세계를 여행하는 듯했던 그 시각자료 영상을 계속 떠올렸다.

문득 어떤 생각이 떠올랐다. 나는 우리 둘 모두에게 용기를 북돋워 줄 만한 대담하고 모험을 좋아하는 사람을 알고 있었다. 바로 내 딸 맬로리였다. 맬로리와 함께한다면 좋은 추억이 될 것이다. 카메라 장비를 책임져 줄 일손이 느는 것도 편리할 테고!

내 말은 거짓말이 아니었다. 애틀랜타에서 암스테르담으로 가는 첫 대서양 횡단 비행은 제법 힘들었다. 뜨개를 하면서도 자꾸 틀려서 뜬 것을 풀어야 했다.

고백하자면 그 비행을 가능하게 해준 것은 신경안정제와 샴페인의 조합이었다고 생각한다(집에서는 시도하지 말기를!). 하지만 도착하자마자 그야말로 마법이 벌어졌다. 20대 초반에 딱 한 번 다녀왔던 유럽 여행에 관한 기억이 새록새록 밀려왔다. 다른 문화에 몰입하는 혁신적인 경험, 일상의 반경 밖으로 시야를 넓혀주는 연결들. 무엇보다 인간으로서 우리 모두를 하나로 묶는

니트 스타즈 시즌 4 촬영을 위해 마추픽추에서 뜨개하는 모습.

공통점인 작은 친절함, 미소, 뛰노는 아이들, 공항에서 포옹하는 어른들. 나는 매료당했다.

6일 동안 3개국을 다녀야 했던 그 여행은 그야말로 회오리바람 같았다. 낸시, 베아타, 에이미는 저마다 매혹적인 이야기를 지니고 있었다. 그리고 맬로리와 나는 우리가 함께 있는 것을 좋아한다는 사실도 알게 되었다.

돌아오는 비행기에서 문득 생각했다. 니트 스타즈 운영자들과 매년 함께 여행을 하는 것은 어떨까. 세계 여러 지역을 방문하며 각지에서 온 전통 뜨개 기법을 새롭게 조명하는 것이다.

노르웨이의 산속에 사는 아르네 & 카를로스와 함께 시간을 보내며.
니트 스타즈 시즌 3 촬영 중.

빅탠쿡 섬으로 짐을 옮기는 방법은 크레인과 페리뿐이었다.
니트 스타즈 시즌 4 촬영 중.

시야를 넓히고, 더 많은 뜨개 애호가들이 긍정적이고 창의적으로 연결되도록 마음을 여는 일이 될 것이다. 우리에게는 커다란 꿈이 있었다. 그리고 더 많은 도움이 필요할 것이었다.

✂

　니트 스타즈가 시즌 3에 접어들면서 애나와 나는 첫 직원으로 프로젝트 매니저를 고용했다. 그 후 몇 가지 주요 변화가 있었다. 우선 프로젝트 매니저가 임신 소식을 알려왔다. 그리고 애나는 그만두고 싶다는 의사를 내비쳤다.

　지금까지 성공적으로 운영해 왔음에도(니트 스타즈 2.0을 합친 것보다 더 많은 사람이 니트 스타즈 3.0 얼리버드 론칭에 등록했다!), 사업을 마무리하고 싶어 하는 애나의 마음이 선뜻 이해되지 않았다. 그녀는 얼마 전 주요한 삶의 전환을 겪은 탓에 캘리그래피 사업과 관련 제품들에만 집중하고 싶어 했다.

　더불어 애나와 나는 여러 가지 문제에서 우리가 서로의 반대편에 서 있다는 사실도 발견했다. 나는 늘 니트 스타즈를 개선하고 최적화하고 더 많은 기능을 추가해 생산력을 높이고자 노력했다. 반면 애나는 자동화에 관심이 많았다. 게다가 직원을 두는 일도 간단치 않았다. 어떤 면에서는 애나와 내가 결혼해서 아이를 가진 것처럼 느껴지기도 했다. 결혼 초의 낭만은 일을 하면서 점차 사라졌다.

그해 일 년은 살면서 가장 만족스러운 한 해이자 가장 스트레스를 많이 받은 한 해이기도 했다.

나는 말 그대로 니트 스타즈와 루프를 통해 꿈을 실현하고 목적을 달성하는 것을 즐겼다. 하지만 애나와의 파트너십을 해체하는 것이 한집에 오래 살던 배우자와 이혼하는 것처럼 느껴지기도 했다.

극도의 갈등은 애나가 나와 맬로리, 그리고 촬영기사와 함께 니트 스타즈 3.0 제작 여행에 동행하겠다고 고집했을 때 찾아왔다. 우리는 핀란드, 노르웨이, 덴마크로 향했고, 애나는 늘 그녀 가족의 뿌리가 있는 노르웨이를 방문하고 싶어 했다.

그 여행은 마치 한 해의 축소판 같았다. 활기차고, 창의적이고, 삶을 변화시키고, 그리고 믿을 수 없을 만큼 어색했다.

흔히 말하는 최고의 시기였고, 최악의 시기였다.

최악의 시기 : 암스테르담으로 가는 길에 항공사가 나와 맬로리의 짐을 분실했는데, 7일(그리고 3개국)이 지나서야 짐을 되찾았다.

최고의 시기 : 스포츠 브라 하나, 레깅스 하나, 티셔츠 하나만 입고 어디까지 갈 수 있는지 배웠다. 그리고 휴대용 가방 하나로 얼마나 오랫동안 여행할 수 있는지도 배웠다.

최악의 시기 : 기록적인 폭염에 에어컨 없이 푹푹 찌는 노르웨이 호텔에 묵은 일.

최고의 시기 : 니트 스타즈 참가자였던 아르네 & 카를로스의

근사한 집과 정원 옆에 있는 수정처럼 투명한 빙하 호수에서 수영한 다음, 노을 지는 갑판에 앉아 그들의 사진이 붙어 있는 상자에서 훌륭한 와인을 꺼내 마신 일.

최악의 시기 : 덴마크 파뇌 섬 해변에서 시속 30마일의 바람을 맞으며 애나가 카메라를 들고 서 있는데, 우리 모두 어서 하루를 마무리하고 잠자리에 들기를 간절히 바란 일.

최고의 시기 : 내가 사진을 찍고 있는데 애나와 맬로리 뒤로 벌거벗은 남자가 바다에서 나타났을 때, 우리 모두 킥킥거리며 쓰러진 일.

파트너십이 해체되는 와중이라 애나와의 여행이 극도로 어색했음에도, 여행이 끝났을 때 큰 성취감을 느꼈다. 우리 둘 다 남은 니트 스타즈 3.0 워크숍을 마무리하고, 지금까지와 마찬가지로 최고의 이벤트를 제공하고, 인수 계약을 마무리하는 데에 집중할 수 있었다.

하지만 내가 생각지 못한 것은 "곧 그만둘 사람 증후군"이었다. 애나가 점점 덜 참여하게 되고 가용성이 떨어지면서 고객서비스, 시스템, 기술 등 많은 부분이 흔들리기 시작했다. 동시에 애나와의 협상은 점점 어려워졌다. 그녀가 어떤 대가를 치르더라도 이기려고 혈안이 되어 있는 것처럼 보이는 변호사를 고용했기 때문이다.

그저 모든 일이 잘 마무리되기를 바라는 마음은 전혀 도움이 되지 않았다. 내 친구이자 멘토 중 한 명은 "넌 너무 좋게만 마무리하려고 하는 것 같아. 너는 체커를 하는데, 그녀는 체스를 두는 것 같아."

협상이 난관에 봉착했을 때, 내 변호사들은 물론이고 비슷한 경험이 있는 친구들과 주변의 조언자들은 하나같이 내게 그냥 다 끝내고 다시 시작하자고 제안했다. 왜 애나에게 다 줘? 연락처, 고객, 노하우가 다 너에게 있는데. 그냥 니트 스타즈를 닫고 "루프 스타즈"를 시작하면 어때? 그들이 물었다.

하지만 내게는 그럴 수 없는 두 가지 큰 이유가 있었다. 첫째, 추진력을 잃고 싶지 않았다. 전 세계 수천 명의 뜨개 친구들이 이미 니트 스타즈를 신뢰했다. 그리고 내게 더 중요했던 것은 진실성 문제였다. 니트 스타즈를 고수한다면, 아마도 돈을 더 많이 줘야 할 것이었다. 물론 한 푼도 지불하지 않고 떠날 수도 있었다. 하지만 애나가 PLF 라이브에서 3년 전 내게 다가오지 않았다면, 나는 지금 어디에 있었을까? 아마 혼자서 서밋을 만들었을 것이다. 어쩌면 내가 더 잘 만들었을지는 알 수 없는 일이지만.

어쨌든 우주가 내게 이런 호의를 베풀었는데, 내가 어떻게 그 호의에 트집을 잡을 수 있을까?

나는 몇 년 전에 아빠에게 배운 공감의 교훈을 다시 한번 떠올렸다. 그리고 판매업자들과 만날 때 염두에 두었던 멜린다의 조언도 떠올렸다. 이것이 우리 둘 모두에게 좋은 거래인가?

2018년 12월 28일, 1년간의 어색함과 변호사를 앞세운 논쟁 끝에, 애나와 나는 마침내 합의서에 서명했고 그녀는 사업에서 손을 뗐다. 그녀는 이제 자리를 옮겨 자신의 사업을 키우는 데 집중하고 있다. 우리는 가끔 연락하고 지낸다.

지금 니트 스타즈는 루프가 전적으로 소유하고 있다. 알다시피 루프는 뜨개 애호가들이 운영을 도맡고 있다. 50명 이상의 니트 스타즈 가족과 전 세계 10,000명 이상의 니트 스타즈 회원들이 뜨개에 대한 사랑과 "세상을 함께 뜨자"라는 공동의 목표 아래에 뭉치고 있다. 니트 스타즈를 완전히 소유함으로써 나는 내 기술을 확장했고, 보다 포괄적인 팀을 구성했으며, 니트 스타즈 제품과 루프 제품을 통합하여 고객의 니즈에 더 잘 다가갈 수 있게 되었다. 처음에는 이별이라고 생각했던 것이 돌파구가 되었다.

앞으로 나아갈 때 기억해야 할 것 :

초반부터 그리고 자주 팀을 확장하라. 당신이 가장 잘하는 분야를 찾아라. 당신을 빛나게 하는 것 말이다. 내게 이것은 창조적인 글쓰기, 스케치, 디자인이다. 그런 뒤 그 분야에서 가장 거리가 먼 것을 파악하라. 내 경우는 기술, 프로젝트 관리, 회계다. 가능한 한 빨리 이런 일을 할 사람들을 고용할 계획을 세우자. 만약 내가 처음부터 많은 기술 전문가를 고용했다면, 나는 얽히고설킨 것을 풀고 재건하느라 몇 년이라는 시간을 허비하지 않았을 것이다.

원을 넓히자. 대리인, 전문가, 동료 및 멘토와 협업할 수 있는 기회를 찾아라. 나와 가치는 일치하지만 관점과 기법이 다른 사람을 찾아라. 그리고 당신이 그들의 강좌를 듣거나 그들의 멤버가 되기로 했다면, 거기에서 얻은 것을 꼭 실천하자. 피해야 할 것은 자신을 속이는 것이다.

파트너십에 대해 개방성을 유지하자. 초반에는 이것이 당신의 기업가 정신을 모욕하는 것처럼 느껴질 수도 있다. 하지만 당신은 스스로의 운명을 통제하기 위해 이 일에 참여했을 것이다. 그렇지 않은가? 파트너십이란 꼭 영원할 필요도 없고, 늘 50:50일 필요도 없다. 지금의 올바른 협업이 향후 몇 년간 당신의 비즈니스와 영향력을 크게 증대시킬 수 있다.

마치며

이 책을 쓰기 시작했을 때, 나는 이 책이 회고록이 될 줄 알았다. 사람들은 늘 내 롤러코스터 같은 이야기를 듣고 싶어 했기 때문이다. 내가 광고 사업을 그만두고 뜨개 공방을 연 이유가 뭔지, 어떻게 프랜차이즈 아이디어가 온라인 비즈니스가 되고 그것이 "세상을 함께 뜨자"라는 세계적인 운동으로 성장했는지 말이다. 사람들은 또 고개를 흔들며 이렇게 말하고는 했다.

"나는 네가 어떻게 에너지를 충전하는지 모르겠어. 잠은 자?"

이런 반응은 늘 다소 걱정스럽게 들렸다. 마치 그들이 이렇게 생각하는 것 같았다.

"너니까 했지. 넌 특별한 에너지나 기술이나 운을 가지고 있으니까. 나? 난 절대 못 해."

이 책이 회고록 이상이 되어야 한다고 생각한 이유가 여기에 있다. 나는 그들이 행동하게끔 하고 싶었다.

사실 처방전을 제시하는 것은 내 스타일이 아니다. 하지만 가능한 것이 무엇인지 보여주는 이야기 모음은 괜찮을 것 같았다. 내 이야기를 읽는 이들의 삶과 목표, 꿈에 적용할 수 있도록 창조적인 공간을 열어주는 이야기를 쓰고 싶었다. 여러분이 앞으로 나아갈 때 잊지 말았으면 하는 교훈들은 아래와 같다.

당신이 지나온 점들은 시간이 아주 많이 흐른 뒤에야 연결할 수 있다.
지금 당장 모든 문제에 답을 내야 하는 것은 아니다. 그러니 조사를 하자. 가능하면 멘토(여러 명이어도 괜찮다)를 찾아라. 하지만 완벽하기를 바라지는 말자. 살바도르 달리가 말했듯이, 완벽해야 한다는 두려움은 버려라. 그냥 시작하자.

나는 삶을 스웨터 뜨는 과정과 비슷하다고 생각한다. 한 코, 한 코. 여러분은 결국 도안에 있는 예쁜 작품 사진과 비슷한 것을 뜨게 되리라는 믿음을 갖고 계속 떠간다.

수천 코를 뜬 후에 앞판과 뒤판, 두 소매의 평평한 조각들을 이어 마무리한다. 천천히 꼼꼼하게 조각들을 잇는다. 그런 다음 물에 담그고, 핀으로 고정한다. 마침내 스웨터가 마르고, 그것을 입는다. 잘 맞기를 바라며. 만약 그렇지 않다면, 음… 스웨터를 친구에게 주고 다른 스웨터를 시작하면 된다. 하지만 이제 여러분은 스웨터에 대해 더 많이 알게 되었을 것이다. 그 무엇도 그것을 앗아갈 수 없다.

여러분은 계속해서 앞으로 나아갈 것이고, 과정을 신뢰할 것이고, 자신의 창의성을 믿을 것이고, 다음에 뜰 스웨터는 마지

막에 뜬 스웨터보다 더 잘 맞을 것이라는 사실을 알고 있다.

오래전 세발자전거를 타던 소녀를 돌아보고 나는 깨달았다. 그것이 스스로 길을 닦는 것이 어떤 것인지를 배우는 시간이었다는 사실을. 다른 사람들이 왼쪽으로 갈 때 오른쪽으로 가는 법을 배운 시간이었다.

내 아이의 자폐 스펙트럼은 부모로서 직면할 수 있는 가장 큰 시련이었지만 내게 맹렬한 결의와 에너지라는 새로운 우물을 열어주었고, 그 덕분에 다른 일을 할 때도 쉬지 않고 노력할 수 있었다.

그러니 어떤 결과든 예측하려 하지 말자. 그저 다음 단계를 밟자. 다음 코를 뜨자. 그리고 기록하는 것을 잊지 말자. 여행 일정이든, 사진이나 일기장, 그 어떤 것이든. 그러면 여러분은 계속해서 돌아보며 스스로가 얼마나 멀리 왔는지 볼 수 있다.

공감의 힘을 믿자.

아빠가 내게 준 간단한 공감 수업은 내 인생의 나침반이자 내면의 진정한 부름이 되었다.

광고 제작에서부터 실 판매업자들과의 협력, 팀원들과 함께 일하는 것, 인종차별을 포함한 우리 시대의 가장 어려운 문제들과 씨름하는 일에 이르기까지 내 삶의 모든 면에서 내게 도움이 되었다. 나는 몇 번이고 잠시 멈추어 서서 듣고, 상대방의 입장에 서서 다른 관점을 이해하기 위해 최선을 다하는 행동이 주는 힘을 보았다.

내 사업과 삶에서 내게 가장 큰 차이를 만들어준 것이 바로 이 공감의 힘이다. 이를 통해 진실성에 뿌리를 둘 수 있었고, 매출보다는 공유에 방점을 두는 일의 진정한 가치를 알았다.

만약 여러분이 모든 상호작용이나 협상을 할 때, 그리고 무언가를 결정할 때 공감하려 노력한다면, 언젠가는 자신도 모르는 사이에 자연스럽게 공감할 수 있게 될 것이다. 사람들은 자연스럽게 당신에게 끌릴 것이다. 그들은 당신과 함께 일하기를 원할 것이다. 당신이 만드는 것의 일부가 되기 위해서 말이다.

무엇보다 가장 좋은 것은, 여러분이 돈을 얼마나 벌었든 상관없이 자신이 성공했다는 사실을 느낄 수 있으리라는 점이다.

뒤로 물러나는 것을 두려워하지 말자.

경험 많은 뜨개인은 푸르시오가 뜨개의 일부라는 사실을 안다. 하지만 초보 뜨개인은 대개 풀어야 한다는 사실을 받아들이려 하지 않는다. 심지어 풀지 않기 위해 온갖 수단을 동원한다. 매듭을 묶고, 구멍이 나도 그냥 두고, 그러다 뜨던 것을 완전히 포기한다. 나는 수많은 초보 뜨개인이 풀기를 앞두고 눈물을 머금는 것을 많이 보았다.

하지만 그들의 뜨개 실력이 늘수록, 처음에는 후퇴하는 것처럼 보였던 풀기가 사실은 앞으로 나아가는 한 가지 형태라는 사실을 배운다. 그들은 코의 구조에 대해 더 잘 이해하게 되고, 이

것이 새로운 기법과 도안을 배우는 데에 도움이 된다. 그들은 힘을 얻어 두려움 없이 떠나갈 수 있으며, 어떤 프로젝트도 얼마든지 뜰 수 있다는 것을 알게 된다.

사업도 마찬가지다.

실패를 사업의 자연스러운 한 부분으로 받아들이고, 실패로부터 배우려는 의지를 빨리 가질수록 더 빨리 성장할 것이다.

에너지를 유지하자.

이런 말을 자주 들을 것이다. 삶은 100미터 달리기가 아니라 마라톤이라고.

살면서 이 말이 기가 막히다 싶게 꼭 들어맞는 경우는 내 경우에는 사업을 하면서였다.

특히 여러분이 창조적인 사람이라면(누구나 창조적이지만) 당신의 가장 소중한 자산은 바로 에너지다. 에너지를 소중히 다루어야 한다. 만약 창의력 계좌가 0이 된다면, 그것을 다시 채우기 위해 에너지를 모으는 일은 매우 어려울 수 있다.

여러분의 기업가적 삶에 균형을 맞추자. 내 경우 이것은 개인적인 목표와 사업 목표가 비슷하게 유지되도록 하루 계획을 짜는 일일 수도 있다. 그래서 이번 주에 해야 할 일의 목록을 쓸 때, 사업에 관련한 일과 개인적인 업무를 모두 적는다. 테니스 치기, 맬로리와 커피 마시기, 매일 아침 명상, 하루에 한 단은 뜨기 등.

계획을 세우는 일은 내가 좋아하는 분야에 집중할 수 있도록 도와주기도 한다. 글쓰기나 창조적인 활동으로 하루를 시작하면 그날은 대체로 좋은 날이 된다는 사실을 알았기 때문이다. 그래서 아침 8시부터 11시까지는 꼭 글을 쓰기로 나 자신과 약속했다.

내 친구 미셸 팰존은 이렇게 말한다. 소진되지 말고 창조하라고. 그녀는 건강하고 지속 가능한 창조 과정에는 다섯 단계가 있다고 말한다.

1. **모으기** (연구하고 학습하며 정보와 경험을 흡수하기)
2. **스며들기** (아이디어를 구체화하고, 새로운 인맥을 만들고, 아이디어를 발전시키기)
3. **만들기** (작업을 하거나 물건을 만들기)
4. **축하하기** (신이 그것을 "승리"라고 인정하든 아니든 상관없이 당신이 창조한 것, 당신 자신, 그리고 당신을 도운 사람들을 축하하고 인정하기)
5. **활력 되찾기** (충분히 휴식하고 에너지를 복원하고 리셋하기. 에너지 탱크를 새로 채움으로써 다시 창조할 힘을 얻고 강해진 느낌을 받으며 다음 창조를 위한 준비를 하기)

이 다섯 단계는 최적의 지속적인 창조를 유지하는 데 필요하다는 것이 미셸이 주장하는 요점이다. 대부분의 기업가들이 이 중 모으기와 만들기 단계에만 집중하는 경향이 있다. 그들은 짧게 보고를 받고 곧바로 일을 진행한다. 잠깐 조사를 하고 곧바로 일에 뛰어든다. 모으기와 만들기 과정을 반복한다. 번아웃이

올 때까지.

하지만 스며들기와 축하하기, 활력 되찾기 같은 다른 중요한 단계들을 추가하고, 그것의 중요성을 인식함으로써 여러분은 더 나은 창조물을 얻을 수 있을 뿐 아니라, 마라톤에 비유되는 장기전을 위한 체력, 즐거움, 그리고 기업가적 열망을 유지할 수 있다.

당신의 영향력을 높이는 일을 나중으로 미루지 말자.

다음 단계로 나아가는 일이 두려울 수 있다. 특히 다른 사람들과 관련된 것이라면 더 그렇다. 새로운 팀 구성원을 뽑거나, 컨설턴트를 고용하거나 또는 새로운 파트너십을 구축하는 일이 그런 것처럼. 하지만 해야 한다. 지금이 가장 빠른 때다.

당신이 무엇을 모르는지조차 모를 수도 있다. 하지만 그들도 마찬가지다. 만약 내가 사업을 처음부터 다시 할 수 있다면 지금과 가장 크게 달라질 점은, 사업 초기부터 더 많이 도움을 받을 것이라는 점이다.

다시 사업을 시작한다면 회계, 기술, 프로젝트 관리, 고용 및 인력 관리, 리더십 등에서 나의 강점과 약점을 주의 깊게 살펴보고 그에 따른 지원을 요청할 것이다.

그런 뒤 "세상을 함께 뜨자"라는 내 미션을 팀원, 컨설턴트, 멘토와 공급업체 파트너 등 모든 사람들과 매일 반복해서 공유할 것이다.

이제 당신은 내 경험을 통해 무언가를 얻었을 것이다. 인터넷과 각종 기술의 이점을 누릴 수 있으며, 어느 때보다 쉽게 글로벌화할 수 있다. 필요한 모든 것이 갖추어져 있다. 공감과 에너지, 그리고 당신의 창의력까지. 세상은 당신이 생각하는 것보다 좁고, 당신을 기다리고 있다. 그러니 세발자전거에 올라타 세상으로 나가자. 나는 여기에서 당신을 응원할 테니.

사랑을 담아

Shelley

감사의 말

인생의 동반자이자 나의 챔피언인 브렌트, 비록 세발자전거라 해도 삐걱거리는 바퀴에는 기름을 칠해야 한다는 사실을 상기시켜 주어 고맙습니다. 제가 뜨개 공방을 운영하는 걸 절대 말릴 수 없을 거라고 말해준, 이제는 고인이 된 시어머니 진 브랜더에게도 감사드립니다. 내 지도를 믿으라고 가르쳐준 샘, 동정심과 은혜와 끈기가 어떻게 공존할 수 있는지 보여준 세실리, 그리고 그 골치 아픈 비행기를 타고 하늘을 나는 방법을 가르쳐준 맬로리에게도 고맙다는 말을 전합니다.

셰리 블루가 저를 병원에 보내라고 했을 때, 그러는 대신 저를 몬테소리 학교에 보내주신 부모님께도 감사드립니다.

빠진 코를 줍고, 비밀번호를 재설정하고, 온갖 시끌시끌한 일들 가운데서도 냉정함을 잃지 않은 채 제 미친 아이디어를 견뎌준 루프 팀원 모두에게 감사드립니다.

멜로디, 패티, 메리, 리드 그리고 헤이 하우스 출판사의 다른 훌륭한 분들, 그리고 저의 용감한 초기 독자들인 테레사, 카렌, 커트, 마이클, 에이미, 브렌트, 맬로리, 그리고 아빠에게 감사의 말을 전합니다.

마지막으로 "Knit The World Together(세상을 함께 뜨자)"에 참여해 주시는 루프와 니트 스타즈의 전 세계 팬 여러분께 감사드립니다. 한 번에 한 코씩 떠나가요.

바늘을 움직여라
뜨개 애호가의 기쁨과 성공을 위한 단계별 가이드

초판 1쇄 발행 | 2024년 8월 23일
지은이 | 셸리 브랜더
옮긴이 | 서라미
디자인 | 오필민 디자인
펴낸곳 | 윌스타일
펴낸이 | 김화수
출판등록 | 제2019-000052호
전화 | 02-725-9597
팩스 | 02-725-0312
이메일 | willcompanybook@naver.com
ISBN | 979-11-85676-77-7   13840

* 잘못된 책은 구입하신 곳에서 바꿔드립니다.